이슬람법이 규정한

할랄과 하람 그리고 할랄 산업

The Parameters of Halal and Haram in Shariah and the Halal Industry

© THE INTERNATIONAL INSTITUTE OF ISLAMIC THOUGHT)
1434AH/2013CE
THE INTERNATIONAL INSTITUTE OF ISLAMIC THOUGHT
P.O. BOX 669, HERNDON, VA 20172, USA
www.iiit.org

LONDON OFFICE
P.O. BOX 126, RICHMOND, SURREY TW9 2UD, UK
www.iiituk.com
© International Institute of Advanced Islamic Studies (IAIS) MALAYSIA
P.O. BOX 12303, PEJABAT POS BESAR, 50774, KUALA LUMPUR, MALAYSIA
www.http://www.iais.org.my

isbn 978-1-56564-555-4
The views and opinions expressed in this book are those of the author and not necessarily those of the publisher. The publisher is not responsible for the accuracy of the information presented.

쌀람누리 이슬람 학습 23

The Parameters of Halal and Haram
in Shariah and the Halal Industry

이슬람법이 규정한
할랄과 하람 그리고 할랄 산업

무함마드 하심 카말리 지음
김형훈·백승훈 옮김

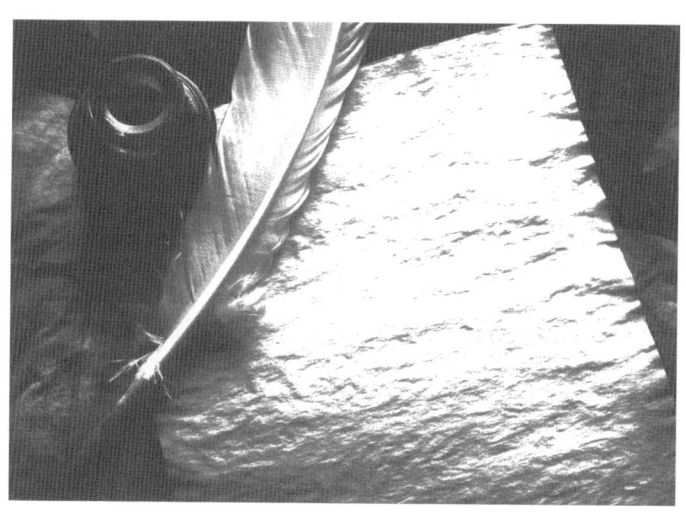

아마존의나비

[일러두기]

1) 본 번역은 원문을 충실히 직역하는 것을 원칙으로 하였으나, 독자의 이해를 돕기 위해 일부 내용을 보완·추가하여 '역자 주'로 별도 각주 표기하였다.
2) 역자 주는 해당 페이지에 '각주'로, 원서의 주석은 책의 말미에 '주석'으로 표기하였다.
3) 아랍어 용어는 한글로 음역하여 표기하였으며, 해당 용어가 처음 등장할 때에는 아랍어 로마자 표기를 병기하였다.

이슬람법이 규정한
할랄과 하람 그리고 할랄 산업

발행일 · 2025년 12월 22일 초판 1쇄

지은이 · 무함마드 하심 카말리
옮긴이 · 김형훈 · 백승훈

펴낸이 · 오성준
편집 · 김재관
본문 디자인 · 김재석
표지 디자인 · **BookMaster K**

펴낸곳 · 아마존의나비
등록번호 · 제395-251002014000114호(2014년 11월 19일)
주소 · 경기도 고양시 덕양구 청초로 19 덕은아이에스비즈타워센트럴 A동 706호
전화 · 02-3144-8755, 8756 팩스 · 02-3144-8757
이메일 · info@chaosbook.co.kr

ISBN · 979-11-90263-37-5 93280
정가 · 12,000원

옮긴이 소개

김형훈

한국외국어대학교 아랍어과를 졸업한 후, 알제리 아미르 압둘 까디르 국립 이슬람대학교에서 이슬람법학을 전공하였다. 현재 한국외국어대학교 겸임교수이자 명지대학교 객원교수로 재직하며 이슬람법과 할랄 관련 강의를 맡고 있다. 또한 한국이슬람교중앙회 이사로 활동하는 한편, 한국외국어대학교 중동연구소와 명지대학교 중동문제연구소 연구원으로서 이슬람법 분야의 학술 연구를 꾸준히 이어 가고 있다.

백승훈

한국외국어대학교 중동연구소 전임연구원. 중동 정치, 국제 안보, 에너지 안보를 중심으로 연구와 교육을 병행하고 있다. 영국 Durham University에서 정치학(국제관계) 박사 학위를 취득하였으며, 한국외국어대학교 국제지역대학원에서 중동·아프리카학 석사, 아랍어과 학사를 마쳤다. 현재 한국외대 융합인재대학 겸임교수와 명지대학교 아랍지역학과 객원교수로 강의하며, 한국이슬람학회 사무총장(2024~2025)을 역임하였다.

그의 연구 성과는 다수의 국내외 학술지에 게재되었으며, 『아랍의 봄 이후 중동의 정체성 정치』(2025), 『Complex Security』(2022), 『Nuclear Politics in Asia』(2018) 등 주요 저서와 편저를 출간하였다. 또한 『중동의 국제관계』 등 번역 작업에도 참여하여 학문적 저변 확대에 기여하였다.

학술 활동과 더불어 정책 자문에도 적극적으로 참여하여 외교부, 국가정보원 등 주요 기관의 연구 과제를 수행한 바 있으며, 방송 매체를 통한 중동·국제 정세 분석에도 꾸준히 목소리를 내고 있다. 이러한 학문·정책·대중적 활동은 한국 내 중동 연구와 국제 정치 담론 확산에 중요한 기여를 하고 있다.

지은이 서문

국제이슬람사상연구소[IIIT]와 말레이시아 국제고등이슬람학연구소[IAIS]는 이슬람법과 법학에 정통한 무함마드 하심 카말리 박사의 저서 『이슬람법이 규정한 할랄과 하람 그리고 할랄 산업』을 이슬람 학습 총서의 스물세 번째 책으로 소개할 수 있게 되어 매우 기쁘게 생각한다. 그는 다양한 이슬람법 분야의 책들을 저술하였고, 그의 저서들 중 『이슬람법학 원론』, 『이슬람법학 개론』, 『하디스[hadith]학 교과서』를 포함한 많은 저서들은 전 세계 대학에서 학술 참고서로 활용되고 있다.

할랄[halal]과 하람[haram], 특히 육류 및 육가공품 관련 주제는 육류 생산, 식품 안전과 청결 그리고 동물 복지와 같은 윤리적 측면을 강조하는 무슬림들에게 매우 중요한 주제이다. 그러나 할랄 산업은 육류에만 연관된 깃은 이니다. 할랄 문제는 무슬림들 삶 대부분의 영역에 영향을 끼친다. 산업은 수요와 공급, 시장 현실에 따라 주도되므로 반드시 이슬람 원리를 올바르게 이해해야 한다. 예를 들어, 리바[riba]를 피해 윤리적으로 투자하려는 무슬림들이 은행 금리 문제로 큰 혼란을 겪었던 바와 같이, 식품 첨가제 문제는 식품 소비에서 상당한 혼란을 초래할 수 있다. 현재 할랄에 대한 인식은 이슬람법학의 여러 학파와 문화 그리고 지역에 따라 상이한 부분이 있다. 하심 카말리 박사는 꾸란^{Quran}에 근거하여, 할랄과 하람의 기본 원칙을 상세히 설명하고, 기본 원칙의 적용에 관한 중요 이슈들에 대한 논의를 통해 현대 무슬림들이 직면한 할랄 문제에 대한 통찰력을 제시한다. 또한 그는 이 책을 통해 할랄 산업을 운영하는 이들에게 실질적인 조언을 제공할 뿐만 아니라 할랄 규격의 통일화를 도모하고, 이를 추진하기 위한 가이드라인을 제안한다.

히즈라^{hijrah,} 이슬람력에 따라 날짜를 인용한 경우 'AH'로 표기하였고, 필요에 따라 그레고리력을 사용하는 경우 'CE'로 표기하였다. 일반적 용법으로 사용되지 않은 아랍어는 이탤릭체로 표기하였고, 근대 아랍어 명사로 간주되지 않는 아랍어에만 발음 부호를 추가하였다.

1981년에 설립된 국제이슬람사상연구소^{IIIT}는 이슬람의 비전과 가치 그리고 원칙에 기초한 학술 연구 센터로서의 중심적 역할을 담당해 왔다. 우리 연구소는 지난 30년간 진행된 연구, 세미나, 토론 결과를 400여 권 이상의 아랍어, 영어 책으로 출판했으며, 이 중 많은 출판물들은 세계 주요 언어로 번역되었다.

2008년 말레이시아 쿠알라룸푸르에 설립된 국제고등이슬람학연구소^{IAIS}는 독립적 학술 연구 기관으로, 이슬람 그리고 이슬람 관련 현대적 이슈에 대한 실질적 정책의 시사점을 제공할 수 있는 객관적인 학문 연구를 진행하고 있다. IAIS는 비교적 짧은 기간에 말레이시아, 이슬람 세계, 이슬람과 타 종교와의 관계에 대한 세미나 및 출판물을 통해 역동적 정책 포럼의 장을 제공하는 기관으로 자리잡았다. IAIS는 국제 학술지 *Islam and Civilisational Renewal(ICR)*과 *IAIS Bulletin, Islam and Contemporary Issues*를 공동 발행하고, 다양한 저서와 학술 연감 시리즈를 발행하고 있다. IAIS는 지난 5년간 150여 차례의 이벤트, 세미나, 국내 및 국제 회의를 개최하여 이슬람과 이슬람 세계 관련 이슈를 다루었다. IAIS 말레이시아의 학술 활동 및 출판물에 대한 상세 내용은 www.iais.org.my를 참조하길 바란다. 카말리 교수의 개인 웹사이트는 www.hashimkamali.com이다.

IIIT 런던 지부와 말레이시아 쿠알라룸푸르의 IAIS
2013년 8월

차례

차례

들어가며

할랄^{halāl}* 산업은 아직 초기 발전 단계에 있다고 할 수 있지만, 최근 몇 년간 괄목할 만한 성장을 보여 왔다. 할랄 산업은 하나의 시장 현상으로서 21세기 첫 십 년 무렵 본격적으로 부상하였으며, 그 빠른 성장에는 식품 안전, 위생, 그리고 경제적 공정성에 관한 엄격한 규율이 큰 역할을 하였다.

초기 이슬람 은행과 마찬가지로 할랄 산업은 시장의 수

---

* 할랄은 이슬람법에서 허용되는 것을, 하람은 허용되지 않는 것을 의미한다.

요와 현실에 의해 주도되었다. 시장 참여자들과 해당 산업 전문가들은 이슬람 원리에 대한 올바른 이해와 이슬람의 미래 발전에 관련된 전문 지식을 바탕으로 할랄 산업을 더욱 풍부하게 할 필요가 있다고 강조한다. 이 책에서는 할랄과 하람^{harām}을 규정한 꾸란$^{qur'an*}$, 하디스^{hadith} 및 피끄^{fiqh†}를 바탕으로 할랄의 기본 원칙을 살펴본 후, 금지된 행위인 하람과 금지는 아니나 비난받는 행위들인 마크루흐^{makrūh}, 그리고 의무는 아니나 권장되는 행위들인 만둡^{mandūb}을 검토한다. 그리고 이러한 가치 결정에 있어서 관행의 역할, 이슬람과 과학의 관계를 탐구한다. 추가적으로 두 가지 주제로 청결의 원칙인 따하라^{tahārah}와 하람 요소를 제거하는 내부의 화학적 변화로 하람이 할랄로 전환되는 이스티할라^{istiḥālah}를 검토한다.

그리고 이 책을 통해 검토할 또 하나의 중요한 주제는 이슬람법의 법원^{法源‡}에 직접적으로 규정되지 않으면서 할랄과 하람 중간에 존재하는, 이슬람법적 가치 판단 도출이 모호

---

* 꾸란은 이슬람 경전으로 하나님의 말씀을 담고 있고, 하디스는 마지막 선지자 무함마드의 언행록이다.

† 피끄는 이슬람법을 이해·해석·적용하는 학문 분야를 의미하며, 문맥에 따라 이슬람법학, 이슬람법 해석학, 이슬람법적 전통, 이슬람법적 추론학 등으로 번역될 수 있다.

‡ 이슬람법의 법원(法源)은 이슬람법의 근거와 기준이 되는 원천을 의미하는 것으로, 꾸란과 하디스 그리고 이슬람법학자들의 합의인 이즈마와 유추인 끼야스를 의미하며, 이슬람법 판단의 필요에 따라 관습이나 공익 등의 보조적 법원이 포함되기도 한다.

한 마쉬부하트*mashbūhāt* *이다. 마쉬부하트에 속하는 것은 주로
식품 첨가물, 식품 가공 및 유통, 새롭게 출현하는 식품 등이
있다.

---

* 이슬람법적 가치 판단의 적용이 명확하지 않거나 판별이 어려운 사안들, 즉 의심스러운 범주
를 의미하며, 영어권에서는 보통 grey areas로 지칭한다.

할랄과 하람의 이해

이슬람법학자들은 이슬람법의 법원에 규정된 할
랄과 하람에 대해 연구하였고, 이에 따른 도축
절차와 무슬림들이 섭취 가능한 식품 원료에 관한 지침을 만
들었다. 이슬람법은 식음료에 함유헤서는 안 되는 하람 물질
을 구체적으로 규정하지만, 식음료에 대한 할랄 인식은 함유
성분명으로만 판단되는 것은 아니기에, 여러 의문을 가지고
식음료의 할랄 판단에 대해 다양한 접근 방식을 취해야 한
다. 범주 판단에 있어 결과적으로 의심의 여지가 있는 모호

한 영역이 존재했고, 이 영역에 대해서는 새로운 이슬람법적 접근과 이즈티하드^{ijtihad*}가 요구된다.

이슬람법 해석 매뉴얼은 많은 동물, 조류, 곤충, 해산물 품종 등에 대한 세부 지침을 제공하지만, 새로운 제품의 출현과 과학 기술 발전은 이슬람법 해석에 지속적으로 영향을 미치므로 이에 대해 이슬람법적 관점에서 꾸준한 연구와 검토가 필요하다.

---

* 이즈티하드는 꾸란과 하디스에 명시적으로 규정되지 않은 사안에 대하여, 자격을 갖춘 이슬람법학자(무즈타히드)의 지적 연구와 노력을 통해 이슬람법적 판단을 도출하는 과정을 의미한다.

허용 가능한 범주
(할랄, 무바흐, 자이즈)

제목에 제시된 세 아랍어 단어 중 할랄은 꾸란과 하디스에서 더 자주 언급되고, 이슬람법 해석에서는 무바흐^{mubāh}와 자이즈$^{ju'iz}$를 더 많이 사용하는 경향이 있다.[1] 할랄은 개인이 선택의 자유를 가지며, 그것의 행사가 보상이나 처벌을 수반하지 않는 행위나 대상으로 정의될 수 있다. 할랄은 이슬람법이 규정한 명시적인 것들 또는 아래에서 설명하고 있는 허용 가능한 것^{ibāhah}을 의미한다.

꾸란과 하디스는 이슬람법을 통해 규정된 다섯 가지 범주, 즉 의무적인 행위들^{와집, wājib}, 의무는 아니나 권장되는 행위들^{만둡, mandūb}, 허용되는 행위들^{무바흐, mubāh}, 금지는 아니나 비난받는 행위들^{마크루흐, makrūh}, 금지된 행위들^{하람, ḥarām}을 명확하게 드러내기도 하고, 그렇지 않을 때도 있다. 꾸란은 할랄 혹은 그와 관련 있는 용어를 직접 사용하거나 "죄가 없다", "책임이 없다", "비난받지 않는다" 또는 "하나님께서 너를 벌하지 않으실 것이다"와 같은 표현을 사용한다. 이러한 표현들은 모두 허용 가능성을 의미한다. 또한, 꾸란과 하디스에는 마크루흐와 만둡을 의미하는 다양한 표현들이 있다. "하나님께서 흡족해하지 않으신다" 등으로 표현하거나 어떤 행위가 '혐오', '불만족' 등으로 표현될 때, 그것은 마크루흐를 의미하며, 그 반대의 표현은 만둡을 의미한다.[2]

이슬람법은 할랄에 대해, 개인이 무엇을 소비할지에 관한 자유와 선택권에 불필요한 제한을 두어서는 안 되며, 금지의 범위는 이슬람법의 법원에 명확히 규정된 내용을 넘어설 수 없다고 가르친다. 따라서 할랄, 즉 허용 가능한 범주는 결과적으로 금지되지 않은 모든 것에 열려 있는 개념으로 남는다. 꾸란은 말하고 있다.

오늘날 그대들에게 좋고 깨끗한 것이 허락되었다.(꾸란 제5장 5절*)

오, 사람들이여! 땅에 있는 것 중에서 허용되는 좋은 것을 먹어라.(꾸란 제2장 168절, 172절)

믿는 자들이여! 하나님께서 그대들에게 허락하신 좋고 깨끗한 것을 금하지 말라.(꾸란 제5장 87절)

이슬람법학자들은 할랄에 대한 이러한 관점 때문에 "금지를 규정할 명확한 근거가 없는 한 모든 것은 허용된다"는 이슬람법의 일반 원칙을 도출할 수 있었다.[3] 따라서 이슬람법에서 어떤 것이 허용된다는 것은 그것을 뒷받침할 이슬람법의 근거가 없어도 허용 가능한 것이다. 명확한 금지의 근거가 없는 한, 식물과 동물을 원료로 한 음식은 일반적 관습에 따라 청결한 것으로 간주된다. 이에 대해서는 이슬람법으로 증명할 필요가 없다. 기본적으로 허용된 것은 권장되거나 비난받을 행위들을 포함하며, 이는 무슬림들에게 지켜도 되고 지키지 않아도 되는 가이드라인을 제시할 뿐, 개인이 꼭 지켜야 한다는 의무를 부여하는 것은 아니다. 이에 자히르파 Zahirite scholar의 저명한 학자 이븐 하즘Ibn Hazm, 서기 1064년/히즈라 456년 사망은 이슬람법을 통해 규정된 다섯 가지 범주를 세 가지 범주, 즉 의무, 금지, 허용으로만 규정하였으며, 그는 의무는 아니나 권장되는 행위들과 금지는 아니나 비난받는 행위들 속하

* 꾸란의 한국어 번역은 한국 이슬람교의 『꾸란 의미의 한글 번역』을 참고하여 진행하였다.

는 것들을 무바흐^{mubāḥ}의 하위 범주로 규정하였다.

이슬람법학자들은 금지는 약한 하디스*나 의미가 불분명한 꾸란 구절과 같은 불확증적인 법원에 근거해 규정될 수 없기 때문에, "금지를 규정할 명확한 근거가 없는 한 모든 것은 허용된다"는 이슬람법의 일반 원칙과 반대되는 이슬람법의 법원상의 근거는 의미와 진위가 모두 확실해야 하며, 신뢰할 만한 전승에 의해 입증되어야 한다고 판단한다. 예컨대, 약한 하디스와 명확한 의미를 알 수 없는 꾸란 구절에 근거하여 하람으로 범주화되는 일은 허용되지 않으며, 이러한 경우는 허용 가능 범주로 판단해야 한다는 것이 다수설이다.[4] 이슬람법학자들은 허용의 원칙에 두 가지 예외를 두는데, 하나는 종교 의례인 이바다트^{ʿibādāt}이고, 다른 하나는 미혼남녀 간 성관계이다. 이바다트는 반드시 명확한 이슬람법의 근거에 의해 입증되어야 하며, 그렇지 않으면 금지된 것으로 간주된다. 또한 이슬람법에 따른 유효한 결혼을 하지 않은 남녀 간 성관계는 기본적으로 금지된다는 것이 원칙이다. 하나님께서 꾸란과 하디스를 통해 예배 방식을 명하셨고, 모든 무슬림은 그분의 의지에 따라야 하므로 모든 무슬림은 하

---

* 하디스의 신뢰성은 전승자들의 연속성, 정직성 및 기억력 등 전승 고리와 관련된 기준의 충족 여부에 의해 평가되는데, 이 요건들이 충분히 확보되지 않은 하디스를 약한 하디스로 분류하고, 이와 같은 하디스는 이슬람법학에서 독립적인 법적 근거로 채택하기 어려운 것으로 간주된다.

루 다섯 번의 예배나 그 내용에 어떠한 것도 임의로 더하거나 바꿀 수 없다.

말리키학파^{Mālikīs}는 다른 이슬람법학파[*]가 마크루흐 또는 하람으로 범주화한 동물의 식용 가능성에 대하여 가장 온건한 입장을 보인다. 샤피이학파^{Shāfiʿīs}, 하나피학파^{Hanafīs}, 자파리학파^{Jaʿfarī}나 열두 이맘파^{Twelver Shiʿites}는 온건한 반면 한발리학파^{Hanbalīs}는 강경한 경향을 보인다. 말리키학파는 깨끗하지 않은 것(오물)을 먹고 사는 동물^{Jallalah, 잘랄라}을 비롯해 맹금류, 개미, 벌레, 딱정벌레 등 모든 종류의 육지 및 바다 동물과 조류를 사람이 섭취할 수 있다는 입장을 견지하는 반면, 대부분의 다른 이슬람법학파들은 하람으로 확정되지 않은 것을 마크루흐로 간주하는 경향을 보인다.[5] 말리키학파의 이러한 입장은 그들의 개방성과 유연성을 보여 주기에 충분하다. 예컨대, 말리키학파는 이슬람법의 주요 학파들에 의해 인정된 보조적 법원^{adillah farʿiyyah†}의 타당성을 원칙적으로 인정하는 유일한 학파인 반면, 대부분의 다른 이슬람학파들은 일부만을 선

---

* 동일한 법적 해석 방법론과 추론 방식을 공유하는 이슬람법학자들의 집단을 가리킨다. 즉, 꾸란과 하디스를 해석함에 있어 어떤 법원을 우선시하고, 어떠한 논증 절차를 채택할 것인가에 관한 공통된 기준을 공유하는 학자들이 형성한 이슬람법 해석 공동체라 할 수 있다. 대표적인 순니 정통 4대 법학파로는 하나피, 말리키, 샤피이, 한발리 학파가 있다.

† 성문화된 이슬람법의 1차 법원인 꾸란과 하디스에 명시적 근거가 부족한 사안에 대해, 꾸란과 하디스의 내용과 의미에 합치되는 범위에서 추론과 해석을 통해 이슬람법적 판단을 도출하기 위해 사용되는 보조적 법적을 의미한다.

별적으로 인정하여 받아들인다.

할랄/무바흐에는 세 가지 유형이 있다. 첫째, 여행이나 사냥, 신선한 공기를 마시며 걷는 일과 같이 그 행위를 하건 말건 개인에게 어떠한 해악을 끼치지 않는 행위이다. 둘째, 원칙적으로 금지되어 있지만 불가피하게 허용되는 무바흐이다. 이것은 생명 유지를 위해 죽은 짐승의 고기를 먹는 것이 포함될 수 있다.[6] 세 번째 종류의 무바흐는 이슬람에선 금지된 행위임에도 불구하고, 이슬람 출현 이전에 행해진 것들 또는 이슬람으로 입교하기 전에 행한 행위들을 일컫는다. 예컨대, 선지자 무함마드가 메디나로 이주하기 전까지 포도주 섭취는 금지된 행동이 아니었으므로 알코올 섭취를 금기로 선언한 꾸란 구절(꾸란 제5장 90절)이 계시되기 전까지의 음주는 무바흐로 간주된다.[7] 알-가잘리*al-Ghazali*, 서기 1111년 사망는 무바흐를 어린 아이, 온전한 이성을 가지지 못한 자나 동물의 행위에 적용하는 것은 옳지 않으며, 불가항력적 천재지변Act of God을 무바흐로 간주하는 것도 옳지 않다고 주장했다. 또한 그는 이슬람 출현 이전에 일어난 행위와 사건 또한 무바흐로 간주되지 않는다고 보았다. 무바흐는 다시 다음과 같이 세 가지로 세분화될 수 있다.

1. 개인에게는 무바흐지만, 공동체에게는 만둡인 행위들

예를 들어, 야채, 쇠고기, 양고기 등의 특정 음식을 개인이 섭취하는 것은 무바흐지만, 개인의 수요가 충족될 수 있도록 시장에 이러한 음식들이 충분히 공급되게 하는 것은 공동체에 있어 만둡인 행위들이다.

2. 개인에게는 무바흐지만 공동체에는 의무인 행위들

예를 들어, 일상에서의 음식 섭취, 결혼은 개인에게는 무바흐지만, 이러한 것들이 가능하도록 보장하는 것은 공동체와 그 지도자들에게 있어 의무 행위들로 간주될 수 있다. 마찬가지로 개인이 직업이나 일을 선택하는 것은 무바흐이지만, 공동체는 특정 산업과 직종이 유지되도록 보장해야 할 의무를 가진다.

3. 가끔 행하는 것은 무바흐지만 장기적으로 하는 것이 금지되는 행위들

예를 들어, 자녀에게 가끔 거친 말을 사용하며 훈육하는 행위는 무바흐지만, 항상 거친 말을 이용해 훈육하는 것은 금지되며, 장기적이고 반복적으로 행하는 거친 말의 훈육은 마크루흐이다.[8]

할랄과 따이브의 비교

따이브*tayyib*, 깨끗함, 오염되지 않음는 합리적 이성을 지닌 사람들이 괜찮다고 여기는 사물, 행동, 행위를 일컫는 말로, 관습에 영향을 받지 않으며 독립적으로 인정된다.[9] 따이브의 반대되는 개념인 카비스*khabīth*, 더러움, 불결함는 합리적 이성을 지닌 사람들로 하여금 불쾌하고 혐오스럽게 느끼게 하는 것이다.[10] 앞서 논의한 하람의 근거에서 알 수 있듯이 할랄은 따이브와 연관성을 가지고 하람은 카비스와 연관성을 가진다. 하나님께서 할랄과 하람을 규정하신 근본적인 이유이자 논리적 근거는 인류의 안녕과 복지$^{maṣlaḥah,\ 마슬라하}$를 위한 것이다. 따이브가 아닌 것은 할랄이 아니고, 카비스가 아닌 것은 하람이 아니다. 하지만 꾸란의 일부 구절들에서 언급된 것과 같이 특별한 이유가 있는 경우에는 이러한 기본 원칙이 변화될 수 있다.[11] 따라서 이슬람법에서의 하람은 본질적인 혐오스러움이나 해로움과 피해^{darar}, 혹은 이 두 가지 모두를 뜻한다. 넓은 의미에서 살펴본다면, 완전히 또는 대체로 해로운 것은 모두 하람이며, 완전히 또는 대체로 유익한 것은 모두 할랄이라고 말할 수 있다.[12]

그러나 따이브는 이슬람법에서 허용 가능한 범주인 무바흐/할랄과 같은 선상에 있는 것으로 보이지만, 별도의 가치점을 명시하지 않는다는 점에서 독립된 법적 범주로 여겨지지는 않는다. 따라서 이슬람법을 통해 규정된 다섯 가지 범주는 의무적인 행위들(와집), 의무는 아니나 권장되는 행위들(만둡), 허용되는 행위들(무바흐), 금지는 아니나 비난받는 행위들(마크루흐), 금지된 행위들(하람)이고, 그 안에서 따이브는 독립된 범주로 특징지어지지 않는다. 따라서 무슬림들은 자신들의 행위, 먹고 마시는 것이 이슬람법에서 허용되는 것인지를 확인할 필요가 있지만, 그것이 반드시 따이브 즉, 좋은 것 또는 최고의 품질인 것인지를 확인할 필요는 없다. 예를 들어, 비이슬람 국가에 살고 있는 무슬림들에게는, 할랄을 넘어 따이브에 부합하는 행위만을 요구하지는 않으며, 할랄 원칙을 준수하는 것만으로도 충분하다. 물론 그들이 따이브에 해당하는 것을 원한다면, 그것을 따르는 것이 더 훌륭한 결정으로 여겨질 것이다. 어떤 경우에는 서구 비무슬림 국가에 거주하는 무슬림들이 우수한 시장 환경 덕택에 더 나은 따이브를 실천하는 삶을 영위할 가능성도 있다. 그러나 무슬림들은 따이브보다 우선적으로 할랄과 하람 규정을 참고하며 따라야 한다.

그러나 모든 법적 규정은 사람들의 일상적인 삶과 비교할 때, 어떤 행위를 판단함에 있어 매우 높은 기준이나 매우 낮은 기준을 적용하는 경향이 있다는 점에서 공통적인 특징을 가진다. 따라서 사람은 기만적 행동이나 이기적 행동을 추구할 수도 있고, 건강에 해로운 음식이나 단순히 허용된 것들을 먹을 수도 있다. 하지만 그 행위가 범죄나 명백한 위반에 해당하지 않는 한, 법은 이에 대해 책임을 묻지 않는다. 하지만 이것이 이슬람법이 개인적 행위 이상의 가치와 목적을 등한시함을 의미하는 것은 아니다. 이에 이슬람법을 통해 규정된 다섯 가지 범주 중에 만듑이 있는 것이다. 허용 가능한 할랄 식품의 경우, 이슬람법은 달팽이, 벌레, 메뚜기, 도마뱀, 심지어 악어 등과 같은 것을 먹을 수 있도록 허용하는데, 이 중 어떠한 것도 따이브에 속하는 것이라 말할 수 없다. 말리키학파는 음식과 관련된 할랄과 따이브의 구분을 여러 측면에서 다루고 있는데, 그들은 할랄이지만 따이브에 속하지 않는 다양한 동물, 새, 포유류, 곤충도 무슬림이 섭취할 수 있다고 간주한다. 음식 선택에 있어 따이브는 순수성과 자연적 기호에 관한 것이므로 대부분 만둡에 속하지만, 반드시 무바흐에 속하는 것은 아니다.

따이바트(따이브의 복수형)는 음식에만 국한되지 않으며 꾸란과 하디스를 통해 개인 행위(꾸란 제2장 267절)의 다양한 측면으로 확장될 수 있다. 즉 올바르고 윤리적인 행위(꾸란 제23장 51절), 기도 낭송이나 염원[두아](꾸란 제22장 24절), 순수하고 올바른 개인, 남성과 여성(꾸란 제24장 26절), 쾌적하고 편안한 주거$^{masakin\ tayyibah}$(꾸란 제9장 72절; 꾸란 제61장 12절) 등으로 확장 가능한 것이다. 따이바트는 음식뿐 아니라 행위의 다양한 측면에서 카바이스(카비스의 복수형)의 반의어로 사용된다. 따이바트는 매우 광범위한 의미를 압축하고 있는 꾸란의 주요 주제 중 하나이다. 따이브와 그 복수형인 따이바트는 꾸란에서 여러 번 사용되는데, 그것은 추구되어야 할 도덕적 범주로 이해되지만 그 자체가 의무에 해당할 수도 있고, 아닐 수도 있는 점은 아마도 이러한 이유 때문일 것이다.

식품 과학 체계의 구축, 유전자 변형 식품의 출현, 그리고 식품 대량 생산 시스템이 구축되어 식품 첨가물과 원재료 성분에 있어 새로운 형태의 급격한 발전이 진행되고 있는 현실을 고려할 때, 따이브를 만둡의 하위 개념 또는 따이브 자체를 하나의 범주로 이해하는 것은 큰 의미가 있다고 할 수 있다. 대규모 생산 라인과 상업적 목적에 의해 주도되는 식품 가공 방법은 식품 본연의 성질에 대한 의심을 확대시키는 경향이 있다. 따라서 할랄 식품 산업은 궁극적으로 따이브를 최적의 목표로 삼아야 하며, 이에 따라 할랄 인증 및 라벨링이 이루어져야 한다.

꾸란과 하디스의 여러 구절에서 따이브가 언급되는데, 거의 모든 해당 구절에서 할랄과 따이브는 나란히 존재한다 (꾸란 제2장 167절, 꾸란 제5장 4절, 꾸란 제5장 87절, 꾸란 제7장 157절, 꾸란 제4장 160절). 꾸란은 다른 구절들을 통해 선지자와 신자들에게 가르침을 준다.

> 따이바트를 먹어라(또는 우리[하나님]가 너희에게 제공한 것들 중 따이바트를 먹어라).(꾸란 제42장 51절, 꾸란 제2장 172절)

이러한 꾸란 구절들을 종합적으로 이해한다면, 할랄은 대부분 따이브라는 점은 의심할 여지가 없다. 이는 다음 꾸란 구절에서 명확히 확인할 수 있다.

> 그들이 그대[무함마드]에게 무엇이 허락되는가 물으니, 따이브라고 말하
> 라.(꾸란 제5장 4절)

꾸란에는 할랄이란 단어가 먼저 언급된 후 따이브란 단어가 할랄 바로 뒤에 붙어 서술된 구절들이 있는데, 이것은 따이브가 할랄을 넘어서는 가치라는 메시지를 전달하는 것일 터이다.

"할랄과 하람이 혼합되어 있을 경우, 하람이 우선시된다"는 피끄의 법언이 있다.[13] 달리 말하면, 법 판단의 증거가 허용과 금지 모두를 암시할 때, 후자가 우세하다는 것이다. 이맘 알 수유티$^{al\text{-}Suyuti}$는 그의 저서 『알 아쉬바 와 알-나자이르$^{al\text{-}Ashbāh\ wa\ al\text{-}Naẓā'ir}$』에서 이 법언을 인용하면서, 이 법언은 같은 의미를 담고 있는 하디스에 기초한다고 언급하였다. 그가 참고한 하디스는 "할랄과 하람의 혼합이 있을 때, 후자가 우세하다"이다. 그러나 아부 알 파들 알 이라끼$^{Abū\ al\text{-}Faḍl\ al\text{-}Irāqī}$, 1403년/히즈라 806년 사망, 타즈 앗딘 알 수브키$^{Tāj\text{-}Dīn\ al\text{-}Subkī}$, 1369년/히즈라 771년 사망 그리고 아부 바크르 알 바이하끼$^{Abū\ Bakr\ al\text{-}Bayhaqī}$, 1064년/히즈라456년 사망 등의 이슬람 학자들은 이 하디스를 전승 고리에 문제가 있는 약한 하디스로 간주했다.[14] 그러나 할랄과 하람의 혼합 양과 혼동의 범위가 미미하거나 무시할 수 있는 상황에서는 위 법

언을 조심스럽게 적용할 수 있다. 일부 학자들은 금지된 것과 할랄과 하람의 혼합물이 극히 적거나 때로는 피할 수 없는 상황에 대해 법적 책임이 없다는 기록을 남기기도 하였다.

또한 상반되는 내용이 포함된 하디스의 존재 또는 상반되는 내용의 유추로 인해 혼동이 발생할 수 있다. 즉, 금지의 내용이 포함된 하디스/유추와 허용의 내용이 포함된 하디스/ 유추가 있는 경우, 전자가 후자에 우선한다. 금지가 허용 가능성보다 우선한다는 뜻이다. 이것은 "피해를 예방하는 것이 이익의 실현보다 우선한다"는 법언의 취지이기도 하다.[15] 하디스로 인해 발생하는 의심은 하디스에서 사용된 표현이 실제^{haqiqi}로 모호한 탓일 수도 있고, 은유적$^{idafi, majazi}$ 단어가 사용되었기 때문일 수도 있으며, 해당 하디스를 특정 사례에 적용할 때 발생할 수 있다. 이러한 경우에 새로운 해석과 이즈티하드를 시도할 수 있는 여지가 생기며, 이를 통해 공익^{마슬라하}을 실현하려는 노력이 필요하다. 따라서 이슬람식으로 도축된 고기인지 아닌지 불분명한 경우, 금지가 우선하므로 해당 고기의 소비는 권장되지 않는다. 이와 마찬가지로, 수익이 이자^{riba}에서 발생한 것인지, 아니면 이슬람법을 따르는 합법적 경제 활동에서 발생하는 것인지 확실하지 않은 경우, 해당 수익을 취하지 않는 것이 좋다. 그러나 대부분의 이슬람법학자들은 말과 당나귀 사이에서 탄생한 노새와 같이 종간 잡종 번식의 경우, 모계 측 성질을 따른다고 간주한다. 예를 들어, 암컷 말이 할랄이라면 종간 잡종에 의해 태어난 노새도 할랄로 간주된다.

만약, 음식에 할랄과 하람이 혼합되어 있다면, 두 가지 상황을 생각할 수 있다. 첫째, 포도주, 혈액 또는 소변이 물에 섞일 때처럼 두 부분의 분리가 사실상 불가능한 경우에는 하람이 할랄보다 우세하다. 둘째, 곤충이나 청결하지 못한 물질이 응고된 버터에 섞일 때처럼 두 요소의 분리가 가능하다면 하람이 있는 부위가 제거된 나머지 부위는 할랄로 간주된다. 그러나 대형 호텔의 조리 도구에 묻어 있을 수 있는 알코올 성분과 같이 검출되지 않을 정도로 극소량이고 완전한 순도를 확보하기 매우 어렵다고 여겨지는 경우, 그 의심은 간과될 수 있지만 가능하면 피하는 것이 바람직하다.[16]

청결의 원칙
(따하라)

청결의 원칙^{따하라}은 여러 측면에서 허용 가능성이 나 이바하^{ibāḥah*}의 원칙과 보완적이며, 병렬적이다. 주목해야 할 점은 이슬람법이 할랄로 규정한 것은 모두 순수하고 청결하며, 하람으로 규정한 것은 대부분 깨끗하지 못한^{najas} 것일 가능성이 높다는 점이다. 청결의 원칙은 이슬람법이 모든 사물에 대해 취하는 기본적 입장이 청결임을 의

* 이바하는 특정 행위가 종교적으로 의무도 금지도 아닌 중립적 상태로 규정되어, 행위자의 자유로운 선택에 위임되는 이슬람법상의 허용 범주를 의미한다.

미한다.[17] 이것은 달리 제시할 이슬람법의 법원이 없는 경우, 하나님께서 인류의 이용과 이익을 위해 만물을 깨끗하게 창조하셨음을 말하는 것이다. 일반적으로 말리키학파는 이 원칙을 전적으로 따르고, 만물에 대해 이 원칙을 적용하지만, 샤피이학파와 한발리학파는 고체 물질과 동물을 포함한 유형의 사물에 대해서는 청결 원칙이 적용되지만, 돼지와 개는 이 원칙이 적용되지 않는다고 판단한다. 또한 죽은 동물의 사체는 모두 부정한 것으로 간주되지만, 인간(무슬림, 비무슬림 모두 해당), 물고기, 메뚜기의 사체는 예외이다. 체액이나 땀등 살아 있는 동물에서 배출되는 것들 또한 청결의 원칙에 해당되지만, 대안적 견해에 따르면 청결 원칙의 적용은 오직 깨끗하고 '도축 가능한'(즉, 이슬람법이 허용하는) 동물로 한정된다.[18] 하나피학파를 따르는 무슬림들은 개가 불결하지 않다는 견해를 견지함으로써, 개가 본질적으로 부정하지 않다는 견해를 취한다는 점을 제외하면 대체로 다수 학파와 의견을 같이한다. 생명 그 자체가 청결의 원칙 적용에 있어 중요한 원인[illah]이자 기준으로 판단하는 말리키학파는 이슬람법이 규정한 청결 원칙이 육지와 바다 동물들, 개와 돼지를 포함한 모든 것이라 주장함으로써, 청결 원칙 적용의 범위를 더욱 넓혔다. 말리크 학파는 이러한 동물의 고기를 먹는 것은 금지되지만, 살아 있는 동안까지 본질적으로 불결하다고 보지는 않았고, 개와 돼지의 내장 내용물, 배설물, 토사물을 제외하면, 깨어 있든 잠들어 있든 이들이 배출한 체액도 청결한 것으로 간주한다.[19] 청결의 원칙은 창조된 세계와 그 안의 모든 피조물의 속성이 된다. 이는 불결한 것은 특정하여 규정한다는 꾸란 원칙의 당연한 귀결이기도 하다. 그러므로 사물의 오염이나 불결성은 명확한 이슬람법의 법원에 의해서만 결정되어야 하며, 그렇지 않은 경우에는 하나님에 의해 창조된 모든 것들은 청결한 것으로 간주된다. 이러한 방식으로 나자스*najas*와 하람의 범위를 제한하는 입장은 꾸란이 인간의 음식 섭취와 관련하여 단지 열 가지 항목만을 나자스로 규정했다는 사실에 의해 뒷받침된다(꾸란 제5장 3-4장).[20]

> 그들이 자신들에게 허락된 것이 무엇인지를 그대[무함마드]에게 물으니, 그대[무함마드]는 말하라. "선하고 깨끗한 것은 모두 허용된다."(꾸란 제5장 4절)

따라서 금지되는 것들, 하람, 나자스의 범위를 이슬람법의 법원이 규정한 것 이상으로 확대하는 것은 바람직하지 않다. 오직 명확한 이슬람법 법원의 규정과 인류의 오감을 통해 불결한 것으로 확정할 수 있는 것과 같은 실질적 증거에 의해 불결함과 나자스를 판단해야 한다. 예컨대, 물은 물리적 변화 또는 색과 냄새의 변화 등을 통해 그 오염이 감지되지 않는 한 일반적으로 세정에 사용하기에 청결하다. 이슬람법의 법원과 확정적 증거 외에도 이슬람법학자들의 합의$^{ijmā'}$와 이전 세대로부터 계승된 삶의 지혜는 인류가 소비하기에 부정한 것을 결정할 수 있다. 따라서 법원의 규정, 확정적 증거 및 이슬람법학자들의 합의만이 청결의 원칙을 반박하고 배제할 수 있다.[21]

아랍어의 관용적 표현과 이슬람 문헌들은 나자스^{najas}, 까히르^{qadhir}, 카비스^{khabīth}, 리즈^{rijs}, 릭츠^{rikz}와 같이 다양한 아랍어를 사용하여 청결하지 못한 것과 오물을 표현한다. 이슬람법학자들은 나자스를 실질적$^{'ayniyyah}$ 나자스와 비실질적^{hukmiyyah} 나자스로 분류한다. 실질적 나자스는 감각을 통해 감지할 수 있으며 대개 물질 자체에 그러한 속정이 내재되어 있다. 이러한 것들의 대부분은 이슬람법의 법원에 의해 불결한 것으로 규정되었으며, 이슬람법 또한 그 속성을 설명하고 있다. 실질적 나자스는 강한 정도, 약한 정도, 중간 정도의 세 가지 범주로 세분화된다. 어떤 것이 청결하지 못하다는 점에 모든 이슬람법학파들과 학자들 간 합의가 이루어지면, 그것은 강한 나자스^{mughallaz}로 분류되고, 이슬람법학파들과 학자들 간 의견 차이가 있다면 그것은 중간 정도의 나자스$^{mutawassi'}$나 약한 정도의 나자스^{mukhaffaf}로 세분화할 수 있다. 세부 사항을 논하지 않더라도, 중간/약한 정도의 나자스는 때때로 관련 품목의 판매 및 다른 용도의 합법성 여부를 판단하는 데 중요한 역할을 한다. 하람과 나자스에 대한 기본 입장은, 불가피한 상황을 제외하면 그것들을 먹거나 팔거나 음식·약품·화장품 등 다른 목적으로 사용하는 것이 허용되지 않으며, 이들과의 접촉조차도 예배의 유효성을 해칠 수 있다는 것이다.[22]

비실질적 나자스는 육안으로 확인 가능할 수도, 불가능할 수도 있는 속성이지만, 이슬람법이 나자스로 규정한 것들이다. 예를 들어 대·소변을 보는 일이나 성관계를 갖는 일은 예배를 위한 청결 상태를 무효화하므로 이러한 나자스에 노출된 경우에는 깨끗한 물로 우두^{wuḍū} 또는 구슬^{ghusl}을 통해 예배 가능한 청결 상태를 회복할 수 있다. 피끄 문헌에는 동물의 가죽을 햇볕에 말리거나, 태우는 방법, 불로 가열하는 방법, 오염된 물에 일정량의 물을 더하여 희석하는 방법, 타얌뭄^{al-tayammum} 등을 통해 나자스를 청결한 상태로 돌리는 여타의 방법들도 기록되어 있다.[23]

이슬람법은 또한 신앙 부정^{kufr}, 범죄, 종교적 과실과 같이 여러 종류의 불결함을 규정하고 있다. 이는 개인의 성격과 본질적 순수함을 손상시키는 것으로 간주되는 것들이다. 이러한 종류의 불결함은 참된 신앙의 실천을 통해, 또는 범죄와 종교적 과실의 경우는 그에 합당한 처벌을 통해, 또는 자선, 금식 등을 통한 속죄^{kaffarah}와 회개^{tawbah}를 통해 정화될 수 있다.[24] 앞서 언급한 바와 같이, 나자스가 인류가 식용할 수 있는 물질과 혼합되는 경우에 해당 물질 전체가 청결하지 못한 상태로 변질될 수 있고 혹은 그것이 사람의 몸이나 옷, 혹은 예배 장소에 있을 경우에는 예배의 유효성을 훼손할 수 있다.[25]

이슬람법의 법원에서 구체적으로 언급된 항목을 제외하고, 어떠한 것이 나자스에 해당하는지에 대해서 이슬람법학자들 간 견해 차가 있다. 첫 번째 쟁점은 과연 무엇을 통해 사물, 인간 행위의 청결성과 불결성을 확정할 수 있는지에 대한 논쟁이다. 이슬람법이 인정한 허용되는 것과 청결성을 감지하고 확정할 수 있는 것은 오직 이슬람법뿐인가, 아니면 통용되는 관습 또는 인간 본성적 선호도 또한 청결성과 불결성을 확정할 수 있는가. 이슬람법학자들은 일반적으로 이슬람법의 관점에서 바라본 나자스는 특정한 범주이나, 이는 사람들이 일반적으로 생각하는 것과 항상 일치하는 것은 아니라고 주장한다. 예를 들어, 이슬람법은 술을 부정하다고 규정(꾸란 제5장 90절)하지만 이 규정은 당시 아랍인들의 대중적

인식과 일치하는 것은 아니었다. 또한 아랍인들은 이슬람법에서 명확하게 규정되지 않은 것을 부정하다고 여기는 경우도 있다. 이슬람법의 법원을 통해 부정하다고 규정되지 않은 정액, 침, 체액과 같은 인체 분비물 등이 바로 그것이다. 따라서 사람들의 인식은 개인이 속한 문화, 기후, 관습에 따라 달라질 수 있으며, 이슬람법의 입장과 항상 일치하는 것은 아니다.[26]

많은 이슬람법학자들은 이슬람법이 하람으로 규정한 모든 것은 나자스라는 결론을 내렸다. 그러나 좀 더 자세히 살펴보면, 그들의 주장이 항상 옳은 것만은 아니라는 것을 알 수 있다. 예를 들어, 이슬람법은 어머니나 누이와의 결혼을 금지하고 있고, 이는 의심할 여지 없는 하람이지만 금지의 대상인 여성들(어머니나 누이)은 그 자체로 나자스라 할 수는 없다. 이러한 금지는 사물이나 사람에 해당하는 것이 아니라 관계로 인해 발생하는 금지에 관한 것이며 그 관계는 분명히 혐오스러운 것이지만, 이 경우 대상 자체의 청결·불결성에는 아무 문제가 없다는 점이 지적될 수 있다. 이 논쟁은 더 나아가 독과 같은 다른 항목으로 확장될 수 있는데, 독은 불결하지 않을 수 있지만 이슬람법은 독의 섭취를 금지하고 있다. 많은 이슬람법학자들은 심지어 이슬람법의 규정에 따라 소비가 금지된 포식동물과 발톱 가진 맹금류들 그 자체가 불결한 것이 아니라 나지스 외의 다른 이유로 금지된 것이라 여긴다. 이러한 의견 차이는 "모든 나자스는 하람이지만, 모든 하람이 나자스인 것은 아니다"라는 피끄 법언에서 확인할 수 있다.[27]

어떤 것을 불결한 것이나 나자스로 확정하는 실제적 원인^{illah}이 무엇인지에 대한 의문은 여전히 남아 있다. 만약 어떠한 속성을 지닌 물질이 있어 나자사^{najāsah}이고, 그 속성을 지닌 물질이 없어 나자사가 아니라는 것을 확정할 수만 있다면, 이는 공식과 지침으로 정립될 것이다. 그러나 우리는 실제로 그러한 종류의 원인이나 의미를 파악하기는 힘들다. "이것은 불명확한 영역이고, 아직 나자사에 대한 논쟁거리가 남아 있으므로 이슬람학자들은 어떠한 것을 나자스로 확증하기 위해서는 이슬람법의 법원을 참고할 수밖에 없다. 사실 이렇게 하는 것이 유일한 방법이자 최선의 지침이다."[28]

금지의 범주
(하람)

하람(마흐주르^{mahzur}라고도 함)은 '하나님이 명확하게 금지한 모든 것으로, 이를 행하면 현세나 후세에 처벌을 받는 행위'로 정의될 수 있다. 하람은 꾸란이나 하디스에 의해 금지된 행위, 목적 또는 행동을 뜻한다. 하람을 행하면 처벌을 받고, 이와 반대로 행하지 않으면 보상을 받을 수 있다. 이것이 대다수의 이슬람법학파 입장이다. 그러나 하나피학파는 이슬람법의 법원에서 하람에 대한 근거가 진위와 의미 모두에서 하람으로 확정된 것이 아니면, 하람을 마크루흐 타흐리미 *makrūh taḥrīmī*(하람에 가까운 마크루흐)로 격하시키고 더 이상 완전한 의미의 하람으로 여기지 않는다. 하람과 마크루흐 타흐리미 는 행하면 처벌받을 수 있고, 행하지 않으면 보상을 받는다 는 점에서는 서로 유사하지만, 하람을 고의적으로 거부하면 불신(또는 배교)에 해당되지만, 마크루흐 타흐리미는 그렇지 않다는 점에서 두 개념의 차이가 있다.[29]

꾸란은 하람에 대한 근원적 증거를 제시한다.

하나님께서는 그대들에게 금지된 것을 상세히 설명해 주신다.(꾸란 제6장 119절).

이 구절은 모호하고 불확정적인 이슬람법의 법원만으로 는 하람을 확립할 수 없다는 것을 의미한다. 예를 들어, 꾸란 은 식용 불가능한 열 가지의 항목을 다음과 같이 명시했다.

죽은 짐승의 고기와 피, 돼지고기, 하나님 외의 이름으로 도축된 동물과 목 졸려 죽었거나, 맞아 죽었거나, 추락하여 죽었거나, 뿔에 받혀 죽었 거나, 맹수에게 희생된 것, … 제단에 바져신 제물, 이것들 모두가 하람 이다.(꾸란 제5장 3절).[30]

앞 구절을 통해 언급된 식용 불가능한 열 가지 항목들 중, 마지막 여섯 개 항목이 짐승의 사체와 관련된 것이기에, 꾸 란의 다른 두 구절(꾸란 제6장 145절과 제2장 173절)을 통해 네 가지 품목의 식용이 금지된다는 것으로 요약되기도 한다. 알코올 섭취도 꾸란의 다른 구절(꾸란 제5장 90절)을 통해 금지로 명시되었다. 이것이 꾸란을 통해 규정된 식용 불가능한 하람 품목의 전부이다. 꾸란은 그 이외의 것에 대해 다음과 같이 말하고 있다.

> 그대들의 입으로 이것은 할랄이고, 저것은 하람이라 주장하지 말라. 그것은 하나님에 대해 거짓을 꾸며 내는 일이다.(꾸란 제16장 116절)

피끄흐에서 논의되는 그 밖의 모든 음식, 육지와 바다 동물, 유해하거나 불결한 물질 등은 주로 '하람의 근거'에 대한 이슬람법학자들의 인식 차이에서 비롯된다.

하디스를 통해서도 하람이 결정되지만, 그 범위는 상당히 제한적이다. 이를 보여 주는 하디스를 소개한다. 살만 알파리시*Salmān al-Fārisī*가 전한 하디스에 따르면, 선지자가 야생 당나귀, 메추라기, 응고된 우유에 대한 질문을 받자, 선지자께서는 다음과 같은 답하셨다.

> "할랄은 하나님께서 그의 책(꾸란)에서 허락하신 것이고, 하람은 하나님께서 그의 책(꾸란)에서 금지하신 것이다. 하나님께서 말씀하지 않으신 것에 대해서는 면죄부가 주어진다."[31]

하디스에서 질문된 세 가지 항목은 꾸란에 특별히 언급되지 않은 것들이므로 결론적으로 할랄로 선언되었다. 선지자께서 꾸란에 근거하여 하람을 결정하셨다는 하디스가 있어 이슬람법학자, 무즈타히드*mujtahid, 이즈티하드를 행하는 자*, 무프티*mufti*, 정부 당국 등 누구도 꾸란에 명시되지 않은 항목에 대해 자의적으로 하람으로 결정할 여지는 거의 없다. 그러나 국가 지도자는 명백한 복지*마슬라하*를 실현하거나 해악*mafsadah*을 방지하기 위해 마크루흐인 것을 금지로 규정하거나, 만둡을 의무로 규정할 수 있는 재량권을 가진다. 이러한 재량권과 그 적절한 행사는 다음에 설명하는 이슬람법 중심 정책*siyāsah shar'iyyah** 원칙에 포함된다.[32]

하람은 두 가지 유형으로 세분화할 수 있다. 첫 번째 유형은 '하람 그 자체*harām li dhātih*'로, 이에 속하는 것은 절도 및 살인, 죽은 짐승의 고기와 피의 섭취와 같이 그 본성으로 인해 금지되는 것이고, 두 번째 유형은 고리대금*ribā* 수취를 위한 위장 판매와 같은 '외부 요인으로 인한 하람*harām lighayrih*'이다. 이러한 구별에 따라 '하람 그 자체'는 무효*bāṭil*로 간주되는 반면, '외부 요인으로 인한 하람'은 파시드*fāsid, 정당하지 못한 것/부패한 것*이지만 무효로 간주되지는 않는다. 따라서 하나피학파의 의견에 따르면, '외부 요인으로 인한 하람'에 따른 거래는 법적 효력이 일부 발생할 수 있다. 하지만, 대부분의 이슬람법학

---

* 국가 운영 및 공공 정책 설계에 있어 이슬람법의 목적과 가치를 최우선적 준거로 삼는 통치 원리를 의미한다.

파들은 파시드를 별도의 범주로 인정하지 않으며, 이슬람법을 위반하는 파시드는 모두 무효로 간주된다고 본다. '하람 그 자체'는 기아로 인해 사망이 임박한 것과 같이 매우 급박하고 필수불가결한 상황*darūrah*의 경우를 제외하면 허용될 수 없다. '외부 요인으로 인한 하람'은 명백한 필요의 경우와 고난*haraj*을 방지하기 위한 경우에 허용될 수 있다. 이슬람법 법언에 따르면 "하람을 위한 수단도 하람이다."[33] 예를 들어, 도둑질과 살인이 하람이라면, 이를 진행하기 위한 수단 또한 하람으로 간주되고, 돼지가 하람이라면 돼지의 거래, 가공, 수출, 홍보 또한 하람으로 간주된다.

하람의 규정은 모든 사람과 장소에 동일하게 적용된다. 따라서 매우 급박하고 필수불가결한 상황을 제외하고, 특정 개인과 그룹, 지역, 기후 조건 등에 따른 예외는 용납되지 않는다. 따라서 무슬림들이 비무슬림들과 거래할 때 하람의 규정을 완화할 수 없고, 하람으로 규정된 것이 사람들 사이에서 일반적 관행으로 행해진다는 이유로 하람에 예외를 두는 일도 정당화되지 않는다.[34] 하람을 다른 모습이나 이름을 통해 획득하려는 법적 책략*hiyal* 역시 금지된다.[35] 좋은 의도만으로는 하람을 정당화하지 못한다. 하나님께 다가가려는 의도*qurbah*로 훔친 음식을 기부하거나 이자*riba*로 획득한 수익을 자선하려 할 경우, 하람이 의도를 무효화한다. 앞서 언급한 바와 같이, 할랄과 하람은 항상 자명하거나 명확하게 확인되는 것은 아니며, 그 둘 사이에는 추후에 다룰 불확실한 영역 *mashbūhāt* 또는 *al-shubuhāt*이 존재한다. 하지만 그에 앞서, 특히 음식에 대한 하람의 근거*asbāb al-taḥrīm*를 먼저 살펴보겠다.

하람의 근거

무슬림 법학자들은 식품과 관련된 네 가지 하람의 근거들을 도출했다. 명백한 해악, 취하게 하는 것/중독, 불결성/본성적 불쾌감 그리고 불법 취득이 바로 그것이다.

1. 명백한 해악

독이 있는 식물과 꽃, 뱀, 전갈, 독이 있는 어류, 비소가

이 범주에 포함된다. 대다수의 주요 이슬람법학파에 따르면, 인간이 독을 섭취하는 것은 절대적으로 금지되어 있다. 하지만, 말리키학파와 한발리학파는 독을 이용하여 의약과 질병 치료에 사용될 수 있다고 주장한다.[36] 독의 예외적 사용도 필수불가결한 상황에서의 필요성 주제로 다루어질 수 있으므로 일반적으로 받아들여지는 견해이다. 진흙, 숯, 유해 식물, 동물 등과 같이 독성이 없더라도 유해할 수 있는 물질이 이 범주에 포함된다. 샤피이학파는 이러한 물질들로 해를 입지 않는 사람에게는 하람이 아닐 수 있다고 주장하는 반면, 한발리학파는 이러한 물질들을 마크루흐로 분류한다. 해당 물질의 위해 판단이 항상 자명한 것은 아니기에 해당 분야 전문가의 판단이 필요하다는 점이 강조된다.[37]

2. 취하게 하는 것/중독

모든 종류의 술과 여러 형태의 마약류를 포함해 취하게 하는 것/중독을 야기하는 물질은, 그 물성이 액체이건 고체이건 상관없이 꾸란 제5장 90절에 따라 금지된다. 이에 더해 하디스도 "모든 취하게 하는 것/중독을 야기하는 물질은 술과 같고, 모든 술은 하람이다"고 명시하고 있다.[38] 이것은 '하람 그 자체'이므로 와인이 식초로 변하는 것과 같이, 혼합물이 물질의 성질을 완전히 변화시키고 더 이상 취하게 하는 것/중독을 야기하지 않는 경우를 제외하고, 이것은 그 자체의 사용 또는 다른 물질과 혼합, 희석되어 사용되는 양에 상관없이 금지된다. 알코올은 주요 이슬람법학파들의 합의에 따라 의학적으로 사용되지 않지만, 알코올이나 그 파생물이 치료에 반드시 필요하고 다른 대안이 전혀 없는 경우에는 예외적으로 사용이 허용된다.[39]

3. 오물, 불결성/본성적 불쾌감
(나자스, 리즈스, 카바이스, 무스타끄드하라트)

이는 꾸란 제6장 145절에서 언급된 죽은 짐승, 피, 돼지고기 또는 건전한 이성을 가진 사람들에게 불쾌감을 불러 일으키는 것들로서 고체나 액체, 생물이나 무생물일 수 있다. 따이브의 반의어인 카바이스는 나자스와 리즈스보다 낮은 수준의 불결함을 말한다. 따라서 카바이스*Khā'baith, 카비스의 복수*는 이나 벌레 같은 특정 곤충뿐 아니라 포식동물과 조류를 포함한다. 그것들 자체로는 나자스가 아닐 수도 있지만, 그럼에도 그것들은 꾸란 제7장 157절에서 금지하고 있는 카바이스에 포함된다. 인간의 침, 체액, 땀, 정액 등과 같이 그 자체는 불결하지 않더라도 유발하는 거부감 때문에 부정하다고 판단되는 것들도 있는데, 이것들은 모두 청결한 것이지만 본성적 불쾌감을 유발할 수 있으므로 섭취 불가능한 비할랄$^{Non-Hal\bar{a}l}$로 간주된다.

4. 불법 취득

금지된 음식과 음료에는 불법적으로 취득한 것도 포함된다. 도둑질이나 강탈로 얻은 음식, 도박·뇌물·사기 등 이슬람법이 하람으로 간주하는 부정한 수단을 통해 얻은 것들이 이에 해당한다. 이것은 꾸란 제4장 29절 "서로의 재산을 부당하게 취하지 말라. 하지만 그대들 상호 동의하에 이루어진 거래는 예외이니라"의 계시 교훈이기도 하다.[40] 이와 관련하여 부모와 보호자, 자선 기부금 또는 와끄프^{waqf*} 관리자와 같은 특수 개인과 기아에 따른 긴박한 요구와 위협에 의해 강요된 개인에게는 예외가 인정된다.

---

* 와끄프는 재산을 공익적 목적(하나님의 길)으로 영구히 헌납하고, 그로부터 발생하는 수익을 이슬람 공동체의 복지와 발전에 지속적으로 활용하도록 규정한 이슬람법상 공익 신탁 제도이다.

하람, 지속성과 변화:
이스티할라의 원리(물성 변화)

할랄과 하람은 기본적으로 영구적이고 변경 불가한 속성을 지닌다. 이슬람법이 규정한 하람은 개인의 취향, 관습, 문화에 관계없이 항상 동일하게 적용된다. 무슬림들에게 있어 할랄과 하람에 대한 이슬람법 규정은, 타인에게 하람인 것을 자신에게는 할랄로 적용하지 못한다는 점에서 포괄적이고 보편적이라고 할 수 있다. 이렇듯 이슬람법이 하람을 규정한 것은, 비록 비무슬림들에게 있어 일정한 예외가 있을 수 있고, 무슬림들에게 있어 매우 급박하고 필수불가결한 상황에서 이를 적용하기 힘들 수 있지만, 모두를 위한 것이어야 한다. 유명한 이슬람법 격언인 "필요는 금지된 것을 허용한다$^{al\text{-}ḍarūrāt\ tubiḥ\ al\text{-}maḥḍūrāt}$"[41]는 질병, 고령, 임신, 응급 상황 그리고 심지어는 여행 등과 같이 다양한 경우에 폭넓게 적용된다. 할랄과 하람에 대한 이슬람법의 또 다른 기본 입장은 양에 상관없이, 즉 하람 성분이 적은지 많은지에 관계없이 모두 같은 규정이 적용된다는 것이다. 이것은 어떤 것이 하람이면, 그것의 매우 적은 양도 하람이라는 하디스에 근거하고 있다. 이에 따라 무슬림들에게는 소량의 돼지고기나 알코올의 섭취도 금지된다. 그러나 이에 대한 유일한 예외가 있는데, 그것은 일부 하나피학파 학자들의 견해로, 취하지 않을 정도의 극소량의 술을 섭취하는 것은 허용된다는 것이다. 이 견해에 따르면, 취하지 않을 정도의 극소량의 술을 섭취한 자는 그 행위에 대한 책임을 지지만, 이슬람법에 의해 규정된 처벌이나 음주에 따른 핫드^{ḥadd}로 처벌받지 않는다.[42] 그러나 이러한 그들의 견해는 하람의 수단을 사전에 차단해야 한다는 이슬람법 원리에 부합하지 않는다.[43] 주요 이슬람법학파들은 "해악을 예방하고, 이미 발생한 해악을 최소화하며, 해악에 대한 보복을 금지한다$^{Lā\ ḍarar\ wa\ lā\ ḍinār}$"는 하디스에 따라 해로운 것으로 여겨지는 아편, 중독성 있는 약초들, 그리고 대마초 흡연 등에 대하여 비슷한 입장을 견지한다. 다시 말해, 해로운 것은 자기 자신에게 가해지건 타인에게 가해지건 피해야 한다는 것이다. 인간을 취하게 만드는 모든 것들은 인간에게 해롭다. 그러나 이러한 것들(앞서 언급된 아편, 중독성 있는 약초들, 그리고 대마초 흡연 등)을 소비하는 사람은 알코올 섭취에 따른 강제적 핫드 처벌을 받지 않는데, 이것은 끼야스$^{qiy\bar{a}s, 유추}$를 통해 도출된 법 판단에는 일정 부분의 불확실성이 존재할 수 있기 때문이다. 꾸란은 명시적으로 알코올만을 언급할 뿐, 앞서 언급된 취하게 할 수 있는 여타의 것들을 직접적으로 언급하지 않음으로써 알코올 섭취에 대한 처벌을, 끼야스를 통해 법 판단할 수 있는 다른 것에 확대 적용할 수 있는지는 불확실하다.[44] 이에 더해, 새로운 연구와 관행을 통해 확인된 더 합당한 증거에 기초하여 기존과 다른 입장이 제시될 경우, 피끄 규정은 그에 따라 일부 조정될 수 있다. 그럼에도 하람은 특정 상황에서 할랄로 변화되는 경우도 있는데, 이는 이스티할라$^{istih\bar{a}lah}$ 원칙으로 설명될 수 있다.

인간의 개입 여부에 관계없이 발생할 수 있는 화학적 변화와 같이 물질의 본질과 기본 속성을 바꾸는 내부 변화는 하람을 할랄로 전환시킬 수 있다. 알코올이 오랜 시간이 지나 식초로 본질이 변형되는 것과 돼지고기가 오랜 시간 소금에 절여져 그 성질이 완전히 변해 식별할 수 없게 되는 경우가 바로 그 예이다. 이러한 변화는 자연적으로 발생하기도 한다. 알코올 성분이 개방된 환경에 있거나 햇빛에 노출되어 증발되는 경우, 그리고 양파, 빵 또는 효모 같은 다른 물질이 알코올에 담길 때 알코올의 성분 변화가 발생할 수 있다.[45] 이러한 본질적 변화를 다루는 피끄 원칙이 이스티할라이며, 이 원칙은 오늘날 식품의 화학적 처리나 산업적 가공, 영양 강화, 의약품 제조 그리고 상업적 목적 등과 같은 현대적 맥락 속에서 더욱 자주 사용되고 있다. 이슬람의학기구 IOMS, Islamic Organization for Medical Sciences의 정의에 따르면 이스티할라는 금지된 물질의 본질적 특성을 다른 이름, 성질 또는 특성을 지닌 다른 물질로 변형하는 것이다. 여기서의 물성 변화는 과학적 방법을 통해 기름과 지방을 사용하여 비누를 만들거나 지방을 지방산과 글리세롤로 분해하는 과정과 같은 화학적 변환을 말한다.[46]

이슬람법학자들은 이스티할라의 합법성과 효과에 대해 의견 차이를 보인다. 무슬림들은 화학적 성질이 바뀐 비이슬람적 물질을 소비하거나 사용할 수 있을까. 하나피, 말리키, 한발리 및 샤피이 학파가 따르는 다수설은, 하람은 분명 비이슬람적 성질이 존재하지만, 알코올이 식초로 변하는 경우와 같이 하람으로 간주되는 비이슬람적 요소가 이스티할라를 통해 완전히 사라진다면, 화학적 변화가 이루어져 비이슬람적 요소가 허용 가능한 상태로 변화된 물질의 소비 및 사용은 허용된다고 본다. 이슬람법의 법적 판단은 원인에 기초한다. 법적 판단의 원인이 존재하지 않게 된다면, 이슬람법 규칙의 실질적 명분이 무너지므로 그에 따른 법적 규정 또한 소멸되어 새롭게 대체되어야 한다는 것이다. 이에 대한 예외로는 인간의 이성을 통해 원인을 판단할 수 없는, 즉 하나님의 명령인 종교 의례가 있다.

다른 견해로, 주요 이슬람법학파의 일부 법학자들은 이스티할라는 물성 변화가 부분적으로 발생하고 불분명한 과정을 거치므로 본래의 비이슬람적 요소가 이스티할라 과정 이후에도 남아 있을 수 있다고 주장한다. 그러나 이슬람법학자들의 다수설은 금지된 동물 또는 비이슬람적 요소가 이스티할라 과정을 거치면 허용 가능한 것으로 변화되므로, 인간이 이를 소비하거나 의약품으로 사용 가능하다는 것이다. 이 다수설은 이슬람국제의학기구[IOMS]의 제9회 피끄 의학 세미나(1997년 6월 개최)에서 채택되었다.[47] 이는 이슬람연맹[Muslim League]의 이슬람 피끄 아카데미(2003년 12월 13~17일, 메카)에서도 채택되었는데, 전제 조건은 이스티할라를 통해 비이슬람적 요소가 이슬람에서 허용 가능한 요소로 완전히 변화되고, 최종 물질에서 돼지 유래 물질이 전혀 존재하지 않아야 한다는 것이다.[48] 따라서 비이슬람적 요소가 이슬람에서 허용하는 요소로 완전히 변화되지 않고, 단지 형태 변화와 같이 부분적으로 변화하는 것은 이슬람법에서 허용되지 않는다. 그럼에도 이슬람법학자들 사이에서는 여전히 돼지 유래 성분인 라드[lard]와 젤라틴[gelatin]의 허용 여부를 두고 의견 차이가 존재한다. 젤라틴의 경우, 돼지가 아닌 타 동물로부터 얻을 수 있고, 최근 연구에 따르면 특정 어류로부터도 얻을 수 있다. 비이슬람적 요소가 배제된 다른 유래로부터 특정 필요 물질을 얻을 수 있는 경우에는 되도록 의심스러운 물질로부터의 필요 물질 획득을 피하는 것이 바람직하다.

1996년 IOMS가 주최한 제8회 피끄 의학 세미나는 치즈, 식물성 기름, 윤활유, 크림, 비스킷, 아이스크림과 같이 변화되지 않은 라드[lard]가 포함된 식품은 돼지와 그 부산물이 존재하기 때문에 금지된다고 판단하였다. 또한 연고, 크림, 화장품 등과 같이 돼지 지방을 함유한 제품들 역시 동일하게 금지 원칙이 적용된다.[49]

돼지에서 추출된 젤라틴은 식품 산업에서 젤화, 안정화,

유화 성분으로 사용된다. 그러나 전문가 의견에 따르면, 돼지, 소 또는 타 동물에서 추출된 젤라틴이 이스티할라를 거치게 되면 더 이상 금지되지 않는다. 젤라틴은 더 이상 돼지나 동물 사체의 피부와 뼈의 본래 속성을 유지하거나 동일한 형태, 맛, 냄새 또는 화학적 구조를 갖지 않으므로 본래 허용 원칙에 따라 할랄로 간주될 수 있다는 것이다.[50] 앞에서 언급한 제8차 피끄 의학 세미나는 "비이슬람적 요소가 포함된 동물의 뼈, 피부, 힘줄에서 추출된 젤라틴이라도 이스티할라를 거치게 되면 깨끗한 것이 되고 인간은 이를 섭취할 수 있다"고 규정하였다.[51] 또한 이 원리는 물 부족 국가들에서 시도된 정수 과정에도 적용될 수 있다. 필자는 얼마 전 싱가포르의 현직 총리가 폐수를 정화한 물을 마시는 사진이 실린 기사를 접하였다. 해당 기사에서는 폐수가 과학적으로 신뢰할 수 있을 정도의 정화 과정을 거쳐 인간이 섭취하는 데 문제가 없다고 설명하고 있었다.

비난받을 만한 범주
(마크루흐)

대다수의 이슬람법학파에 따르면 마크루흐는 피해야 하는 행위이지만, 그 행위를 한 사람에 대한 법적 처벌이나 도덕적 비난은 따르지 않는 행위·대상·행동을 의미한다. 하나피학파는 두 가지 종류의 마크루흐 중 마크루흐 탄지히*makrūh tanzīhī*에 대해서는 위의 다수 입장에 동의하지만, 도덕적 비난은 수반되지만 법적 처벌은 수반되지 않는, 마크루흐의 두 번째 유형인 타흐리미*makrūh taḥrīmī*(하람에 가까운 마크루흐)에 대해서는 다수의 입장에 동의하지 않는다. 주요 이슬람법학파들은 마크루흐를 피하는 사람은 보상을 받을 것이고, 하나님에게 조금 더 가까이 다가갈 수 있다고 입을 모은다.[52] 마크루흐는 가장 낮은 수준의 금지로 이해되며, 이러한 의미에서 할랄과 하람 사이에 존재하는 범주, 확실히 금지되나 하람으로 규정할 근거가 확실하지 않은 문제를 위해 이슬람법학자들이 선택할 수 있는 실용적 범주로 활용되고, 보통 이러한 문제들은 더 나은 대안이 없으므로 마크루흐로 간주된다. 하나피학파가 마크루흐 탄지히로 간주하는 것을 다른 다수의 학파에서 무바흐로 여기는 상황은 일반적이다.

하나피학파는 꾸란이나 하디스에서 금지를 명하는 규정이 명확히 존재하는 경우에는 하람으로 간주하지만, 그렇지 않은 경우 즉, 명확한 금지를 명하는 규정이 없거나 약한 강도로 금지를 명하는 경우에는 하람에 가까운 마크루흐, 마크루흐 타흐리미라고 간주한다. 예컨대, 이미 다른 남자와 약혼한 여자에게 청혼하는 것은 마크루흐 타흐리미이다. 그 이유는 이것을 규정하는 하디스의 전승이 완전하지 않고, 이 하디스의 진위 여부에 의심할 만한 여지가 있기 때문이다.[53] 식품과 인간이 소비할 수 있는 것에 대한 마크루흐 판단에 대해 이슬람법학자들 간 많은 이견이 있지만, 대부분의 이슬람법학자들은 불쾌한 냄새가 나는 썩은 육류, 묘지 한가운데 있는 우물의 물, 그리고 본래의 맛과 냄새의 변화를 야기할 수 있는 불순물과 오물을 먹고 자란 방목된 소와 가금류 등을 마크루흐로 판단하고, 하디스에 따라 이러한 동물들의 모유 또한 마크루흐 범주에 포함한다.[54] 그럼에도, 이 불순물/불결성은 마크루흐 범주에 속하는 동물들이 여러 날(가금류는 3일, 양과 염소는 4일, 낙타와 소는 10일) 동안 더러운 서식지에서 멀리 떨어져 정화 기간을 가질 경우에 제거된다고 여긴다. 그러나 이 문제에 대하여 대부분의 이슬람법학파들이 고수하는 입장은 마크루흐로 간주되는 동물의 정화를 위해 특정 기간에 얽매일 필요는 없으며, 해당 동물에서 더 이상 불쾌한 징후와 냄새가 나지 않을 때까지 정화 기간을 거치면 충분하다는 것이다.[55] 당나귀 고기를 먹거나 당나귀의 모유를 마시는 행위, 낙타의 오줌을 마시는 행위, 말이 필요할 수 있는 전쟁 상황에서의 말고기 섭취 또한 마크루흐로 간주된다.

일반적으로 섭취해도 무방한 음식이라 할지라도, 특정 종류의 음식이 특정 상황에서 섭취된다면 마크루흐로 간주될 수 있다. 선지자 무함마드는 다음과 같이 말씀하셨다.

"네가 생양파나 마늘을 먹었다면 예배를 드리기 위해 이슬람성원^{모스크}에

가서는 안 된다."[56]

이 하디스는 음식 냄새가 타인에게 불쾌감을 줄 수 있는 경우에는 이러한 음식을 피해야 함을 알려 준다. 이슬람성원에서뿐 아니라, 다른 사람들과 밀접하게 접촉하는 상황이라면, 이러한 음식의 섭취는 삼가는 것이 바람직하다.

코끼리 상아를 도축의 도구로 사용하는 행위는 마크루흐이지만, 이 문제에 대해서는 이슬람법학자들 간 상반된 견해가 있다. 또한, 동물을 식용으로 섭취하려는 의도 없이 도축하는 일은 비난받을 만한 행위이다. 정당한 목적 없이 동물을 죽이는 행위이기 때문이다. 게다가, 쾌락을 위해 어린 새를 사냥하는 행위는 비난받아 마땅하다. 모든 생물은 창조의 순간부터 각자의 위치가 있으며, 인간은 동물의 건강을 살피고 적절한 먹이 주기 등을 통해 동물을 보호하고 통제할 책임이 있다. 이러한 책임을 지닌 인간은 지구의 환경과 모든 생명체의 안녕을 돌봐야 하는 윤리적 의무를 지닌다.

알-샤티비*al-Shāṭibī*, 서기 1388년/히즈라 790년 사망의 견해에 따르면, 마크루흐와 하람을 행하는 죄는 동등하지 않다. 그는 행위 자체가 목적이 아닌 수단일 경우, 그리고 그 자체가 목적이 되는 경우의 죄는 구분되어야 한다고 보았다. 즉, 죄로 나아가는 수단적 행위는 그 자체가 목적이 되는 금지 행위를 직접

저지르는 것보다 죄의 정도가 경미하다고 판단하였다. 따라서, 마크루흐는 하람으로 이어질 수 있는 행위의 수단적 단계로 이해될 수 있으며, 그 의미에서 하람으로 향하는 행위의 전 단계로 평가된다.[57]

이슬람식 도축 과정을 거친 할랄 동물이라 할지라도 사체의 특정 부분, 예를 들어 혈액, 음경, 고환, 질, 분비선, 담즙은 할랄로 간주되지 않는다. 하나피학파는 이러한 기관의 섭취를 마크루흐 타흐리미로 간주하는데, 그 이유는 이것을 규정하는 하디스의 전승이 완전하지 않고, 이 하디스의 진위 여부에 의심할 만한 여지가 있기 때문이다.[58] 꾸란과 하디스에 기록된 마크루흐에 관한 표현은, 마크루흐라는 단어가 직접적으로 명시되는 경우도 있고, 동등한 의미를 전달하는 단어나 표현을 통해 암시적으로 드러나는 경우도 있다. 마크루흐의 의미는 "하나님이 보실 때 증오스러운 것들이니라"(꾸란 제17장 38절)는 꾸란 구절에서 확인할 수 있다. 이 꾸란 구절은 여러 행위들을 가리키는데, 예를 들어 거만하게 걷는 행위, 충분한 지식 없이 어떤 문제에 대한 입장을 표출하는 행위, 측량과 저울질을 정확히 하지 않는 행위, 약속을 지키지 않는 행위 등이 이에 해당한다. 꾸란의 또 다른 구절을 통해 다음 사항이 권고된다.

그리고 너희가 너희의 눈을 감지 않고서는 (도저히)그것을 취하지 않을 (희사하기에)나쁜 것을 베풀려고 하지 말라.(꾸란 제2장 267절)

이 주제는 또한 다음의 꾸란 구절에서도 확인 가능하다.

예언자께서는 무슬림들에게 불결한 모든 것을 금기하셨다.(꾸란 제7장 157절).

그러나 이 구절은 명시적 구절로 간주되지만, 그 의미는 개연성을 포함하고 있다. 다시 말해, 위 여섯 가지 항목이 실제로 카바이스에 속하는지에 대한 여부를 단정할 수 없다는 뜻이다. 이 사안에 대한 금지의 견해는 이러한 장기들이 건전한 이성을 지닌 사람들*al-ṭabāiʿ al-salīmah*에게 혐오스러운 것으로 인식된다는 것에 기초한다.[59] 다른 순니 정통 법학파(말리키, 샤피이, 한발리)들은 해당 사안에 대하여 좀 더 완화된 입장을 취하지만, 그들의 우세한 견해 또한 해당 장기들을 마크루흐로 간주한다.[60] 발효 및 치즈 가공에 사용되는 소의 위에서 추출한 레닛*rennet*(송아지 위에 들어 있는 효소 복합체)의 경우, 이슬람법에 따라 도축된 동물에서 채취한 레닛의 경우에는 할랄로 판단하는 것이 이슬람법학자들의 합의된 의견이지만, 썩은 동물에서 채취한 레닛의 경우에는 비할랄로 판단하는 것이 다수설이다. 하지만 하나피학파는 유추를 사용하여 그러한 동물과 그 동물의 모유 간 관계를 분리함으로써 이를 할랄로 간주한다.[61] 도축 의례와 관련하여 주목해야 할 마크루흐의 예시로는 동물을 거칠게 취급하는 행위(동물의 발을 잡고 끌고 가는 것), 샤피이학파와 말리키학파의 견해에 따르면 타스미야*tasmiya*(하나님의 이름을 암송하는 일)를 생략하는 행위, 다른 동물이 보는 앞에서 도살하는 행위, 뼈와 돌을 도살 도구로 사용하거나, 완전히 숨을 거두기 전에 동물을 자르거나 껍질을 벗기는 행위, 도축 동물의 머리를 끼블라*qiblah*로 향하게 하지 않는 행위, 하나님의 이름과 함께 무함마드의 이름을 언급하는 행위 등이 있다. 반면에, 말리키학파는 꾸란이나 하디스에 구체적으로 명시된 내용이 아니므로 도축 시 동물의 머리를 끼블라 방향으로 두어야 한다는 도축 조건을 인정하지 않는다. 그들은 도축과 예배를 동일하게 여기는 것은 약한 유추를 통해 도출된 법 판단이라 여기고, 두 행위를 완전히 성격이 다른 별개의 행위라 설명한다.[62]

담배와 흡연에 대한 문제는 더 복잡한 사안이다. 흡연은 의심할 여지가 없이 무슬림들 사회에 널리 퍼져 있지만, 흡연에 대해 이슬람법학자들 간 합의된 의견은 없다. 대다수 이슬람법학자들은 흡연을 마크루흐로 생각한다. 그것은 돈 낭비이며, 몸에 유익하지도 않고 의학적으로 입증된 혜택도 없기 때문이다. 오히려 흡연자들이 폐암, 심장마비, 폐기종과 같은 질환을 겪을 확률이 높으니 흡연으로 인한 건강상 위험은 확실하다고 볼 수 있다. 이에 필자는 금연은 매우 권장되는 일이고, 특정 상황에서는 흡연을 완전히 금지하는 것이 타당하다고 생각한다.[63] 흡연을 하람으로 규정할 때 발생할 수 있는 위험성은, 이미 흡연을 하고 있는 수백만 명의 무슬림들을 죄인이나 범죄자로 치부해 버릴 수 있다는 데 있다. 더 중요한 점은 이 문제를 명시적으로 언급한 꾸란이나 하디스의 부재를 들 수 있다. 이슬람법의 기본 원리는 명확한 꾸란이나 하디스의 근거에 따라 하람을 지정할 수 있기 때문이다.

마크루흐의 근거는 이슬람법 법원인 꾸란과 하디스를 통해 직접적으로 마크루흐로 명시된 것 또는 이와 동등한 의미를 지닌 단어/표현들을 통해 암시적으로 규정된 것일 수 있다. 예를 들어 "선지자 무함마드께서는 금요일 예배를 제외하고는 한낮에 근행되는 기도를 꺼려하셨다"는 내용의 하디스에서 사용된 단어/표현 "선지자께서는 꺼려하셨다*kariha al-nabiy*"를 통해 이러한 행위가 마크루흐에 해당한다는 것을 직접적으로 보여 준다.[64] 이와 달리 마크루흐와 동일한 의미로 사용되는 단어/표현을 통해 마크루흐를 암시적으로 규정하고 있는 경우도 있다. "하나님께서 보시기에 허용되는 것들 중 가장 혐오스러운 것$^{abghaḍ al-ḥalāl}$은 이혼이다"는 하디스에서는 마크루흐를 나타내는 "꺼려하다"는 단어/표현 대신 "혐오스럽다"는 단어/표현을 사용함으로써 마크루흐를 암시하고 있다.[65] 또한, 마크루흐는 금지의 형태로 전달되더라도 절대 금지가 아닌, 단지 비난받을 만한 행동이라는 의미를 나타내는 경우도 있다. 예를 들어, 믿는 자들에게 과도한 질문을 삼가라는 뜻을 지닌 다음의 꾸란 구절은 금지의 형태를 지녔지만, 절대 금지가 아닌 비난받을 만한 행동이라는 것을 나타낸다.

> 오, 믿는 자들이여! 너희가 질문함으로 인해 그것이 너희에게 드러날 경우 너희를 괴롭게 할 만한 것들에 대해 묻지 말라.(꾸란 제5장 101절)

이와 관련된 또 다른 하디스는 다음과 같다. "의심스러운 것을 의심하지 않는 것으로 남겨 두어라."[66]

권고할 만한 범주
(만둡)

만^둡^{mandūb}(*sunnah, mustahab, nafl*이라고도 함)은 이슬람법이 권고하는 행위지만, 의무로 규정되지 않아 강제되지 않는 행위를 의미한다. 만둡을 행하면 보상을 받지만 그것을 소홀히 했다고 비난받지는 않는다. 만둡은 마크루흐의 반대 개념으로, 마크루흐를 회피하는 행위가 이에 해당한다. 도축된 동물을 관대하고 조심스럽게 다루는 것은 만둡이고, 거칠게 다루는 것은 마크루흐다. 와끄프를 설립하는 일, 아픈 사람들을 돌보는 일, 이웃과 손님을 존중하는 일은 만둡에 해당된다. 만둡 행위들 중 선지자께서 어떤 경우에는 행하셨으나 또 다른 경우에는 행하지 아니하셨다면, 그것은 순나*sunna*로 볼 수 있다. 순나는 다음과 같은 두 가지 유형으로 구분된다. 선지자가 정기적으로 그것을 행하였거나 강하게 권장한 행위를 강조된 순나*sunna mu'akkadah* 혹은 *sunna al-hudā*(확정적 순나)라고 한다. 이 유형에 속하는 순나의 예로는 이슬람 사원에서 진행되는 예배에 참석하고, 예배 전 아잔*adhān*을 외치는 것 등이 있다. 의무 예배인 주후르*zuhr*와 아스르*'aṣr* 예배를 드리기 전에 두 라크아 예배를 드리는 것, 의무 자카*zakah* 이상의 금액을 희사하는 행위 등과 같은 순나를 비강조된 순나*sunna ghayr mu'akadah*(비확정적 순나) 또는 추가적 순나(자발적 순나)로 구분한다. 이슬람법학파들은 만둡을 타따우*taṭawwu'*, 파딜라흐*faḍīlah*, 이흐산*iḥsān*, 라그하이브*raghā'ib* 등 다양한 용어로 표현하는데, 이는 각각 건전한 조언과 문화적 차이를 반영한 미세한 의미적 차이를 가진다.[67]

의무는 아니나 권장되는 행위들(만둡)과 금지는 아니나 비난받는 행위들(마크루흐)은 개념적 반의어이다. 따라서 마크루흐에 상대되는 것은 만둡이고, 그 반대의 관계 역시 성립한다. 이슬람에서 권장되는 식품은 긍정적 맥락으로 꾸란에 언급되거나 꿀, 무화과, 올리브, 대추, 우유와 같은 선지자가 선호한 일부 식품에 관련된다. 첫 세 가지 식품(꿀, 무화가, 올리브)은 꾸란에 직접 언급되어 있는 것이고, 대추야자와 우유는 선지자가 즐겨 섭취한 음식이며, 라마단 기간 동안에는 대추야자 섭취로 금식을 마치는 방식이 권장된다.[68]

식품과 음료에 관한 피끄의 많은 내용들은 식사 예절, 하나님께 드리는 감사의 기도^{dua}, 특정 도구의 사용과 관련된 것들이다. 선지자께서는 다음의 기도로 식사를 시작하셨다고 알려져 있다.

> "우리의 필요를 채워 주시고, 갈증을 해결해 주신 하나님께 모든 찬미와 감사를 드립니다. 하나님께서 베푸시는 호의는 보상하거나 거부할 수 없습니다."[69]

선지자 무함마드께서는 식사 후 같은 기도를 드릴 것을 권했으며, 식사 시작 전 기도하는 것을 잊은 사람에게는 식사 중이라도 언제든지 앞의 기도를 하라고 권장했다. 선지자 무함마드께서 직접 실천했거나 권장한 것은 모두 만둡이다. 선지자 무함마드께서는 식사 전후에 손을 씻으셨으며, 앉아서 식사하셨고, 오른손으로 음식을 드셨다고 알려져 있다. 또한 선지자 무함마드께서는 자신이 앉아 있는 곳에서 가장 가까운 음식을 먼저 가져가야 하고, 손으로 먹는 사람도 음식의 가운데가 아닌 접시의 가장자리에 있는 음식을 가져가야 한다는 식사 예절을 가르치셨고, 침과 불쾌한 입김으로 음식을 더럽힐 수 있으므로 음식에 입김을 불어서는 안 된다는 것을 충고하셨다. 선지자 무함마드께서는 특별한 상황에서 종종 서서 음료를 마신 경우가 있었으나, 앉은 자세로 음료를 마실 것을 권장하셨고, 위생적 이유로 병에 바로 입을 대고 음료를 마시지 말라고 충고하셨다. 하디스는 선지자 무함마드께서 금과 은으로 만든 식기의 사용을 금하는데, 이는 겸손함을 권장하고 허영과 사치를 피하기 위한 가르침이다. 당시 금과 은은 가치의 단위였고, 화폐로 사용되었다.[70]

불확정적 영역:
확실하게 범주를 규정할 수 없는 사안들
(알슈부하트, 마쉬브흐, 마슈꾹)

이것은 할랄과 하람 사이에 있는 중간적이거나 불확실한 것을 의미한다. 불확실성은 주로 두 가지 요인으로 인해 발생하는데, 이슬람법 법원의 의미나 진위 여부가 불분명하거나 특정 주제 또는 사례 적용이 불분명한 경우가 바로 그것이다.

꾸란이 제3장 7절을 통해 알려 주는 일부 구절을 무타샤비하트^{mustashābihāt}라고 한다. 무타샤비하트의 범주에 속하는 꾸란의 특정 표현, 단어 또는 구절의 명확한 의미는 하나님 외에는 아무도 알지 못한다. 예를 들어, 꾸란의 많은 장(정확히는 19개의 장)들은 무까따아$^{muqatta'āt}$*로 알려진 축약어로 시작하는데, 이것들은 아랍어 알파벳의 조합으로 이루어져 있는데 그 의미가 알려지지 않았다. 일부 꾸란 주석가들은 선지자 무함마드께서 그 의미를 알고 계셨다고 해석하기도 한다. 선지자 무함마드께서는 하디스를 통해 다음과 같이 언급하였다.

> "할랄과 하람은 분명히 구분되어 있으나, 할랄인지 하람인지 애매모호한 사안들이 있다. 이러한 것들을 피하는 사람은 자신의 종교와 명예를 보호하는 사람이니라."[71]

따라서 의심스러운 것을 피하고, 의심스러운 것을 명확하게 밝히려 노력하는 일은 종교적 경건함과 명성 그리고 개인적 평판에 도움이 된다. 의심스러운 사안에 대해서는 신중하게 접근해야 한다는 하디스의 가르침은, 보상과 책임 면제 $^{istibrā'}$라는 표현을 통해 강조되고 있다. 즉, 이러한 하디스는 사람이 양심의 순수함과 종교적 정결함을 지키기 위해, 의심스러운 것은 피하고 신중함을 유지하는 것이 바람직한 태도임을 가르치고 있다.

---

* 꾸란의 일부 장은 해석이 확정되지 않은 개별적 아랍 문자들(단절 문자)로 서두를 이루며, 이를 알-후루프 알-무까따아라고 지칭한다.

알-까라다위$^{al-Qaradawi}$의 견해에 따르면, 이 하디스를 통해 전달된 교훈은 "악으로 진행될 수 있는 행위를 막는 것$^{sadd\,al-dharā'i}$이다. 이는 인간의 인격과 품성의 건전성에 대한 깊은 통찰에 기초한 것을 말한다…."[72] 다시 말해, 마슈부하트에 대한 탐닉은 하람으로 이어질 수 있으니, 하람으로 향할 수 있는 수단을 사전에 차단해야 한다는 말이다. 또 다른 하디스는 무슬림들에게 "의심스러운 것을 버리고, 의심할 것이 없는 것을 택하라"[73]는 교훈을 준다. 우리가 살고 있는 시대에는 의심할 수 있는 영역이 증가해 왔다. 예컨대, 오늘날 동물의 부산물을 다른 동물의 먹이로 사용하는 산업에 대한 의구심이 생기고, 호르몬과 항생제의 사용은 오늘날 개인이 구매하거나 소비하는 육류가 마슈부인지 할랄인지 확신하기 어렵게 만든다. 이러한 산업의 관행은 이슬람의 자비 원칙과 부합하지 않을 수 있다. 이와 같은 질문들에 대한 답변은 전문가 의견과 과학적 증거에 기반해야 한다. 일부 국가에서 발생한 BSE^{광우병} 사례[74]는 가축의 사육 및 사료의 제공, 그리고 이러한 동물의 육류가 과연 인간에게 안전한 것인지에 대한 심각한 의문을 제기하였다. 이러한 문제들은 단순한 추측을 넘어, 정당한 의심에 기반한 철저한 조사와 연구가 필요하고 할 수 있다.

이슬람법 법언에 따르면, "할랄과 하람이 섞이면 하람이 우세하다."[75] 다시 말해, 이슬람법적 판단을 위해 이용 가능한 근거가 허용과 금지를 모두 의미할 수 있을 때는 후자가 우세하다는 말이다. 알-수유티*al-Suyūṭī*는 그의 저서 『알-아슈바흐 와 안-나자이르*Al-Ashbāh wa al-Naẓā'ir*』에서 이 법언을 인용하며, 이 법언은 하디스의 내용에 바탕을 두고 있다고 하였다. 그러나 아부 알-파들 알-이라키*Abū al-Faḍl al-'Irāqī*, 타즈 알-딘 알-수브키*Tāj al-Dīn al-Subkī*, 서기 1369년/히즈라 771년 사망, 아부 바크르 알-바이하키*Abū Bakr al-Bayhaqī*, 서기1064년/히즈라 456년 사망를 포함한 이슬람 학자들은 해당 하디스를 전승의 문제가 있는 약한 하디스로 간주했다.[76] 그러나 할랄과 하람의 혼합 양과 겹치는 범위가 경미하거나 무시할 수 있는 상황이라면, 위 법언의 적용은 합당하지 않을 수도 있다. 일부 학자들은 매우 소량이거나 피할 수 없을 정도의 하람 성분 혼입은 면책될 수 있다고 주장하기도 하였다.

확실하게 범주를 확정할 수 없는 영역, 모호한 영역이 발생하는 이유는 서로 상반되는 내용을 담은 하디스들이 존재하거나 상충되는 유추의 결과로 인해 발생할 수 있다. 금지와 허용의 하디스나 유추가 함께 존재한다면, 금지의 입장이 허용의 입장보다 우선한다. 이것은 "해악을 예방하는 것이 이익의 실현보다 우선한다"는 법언의 취지이기도 하다.[77] 하디스에 의해 발생할 수 있는 모호성은 하디스의 아랍어 표현 자체가 모호한 경우와 같이 실제적^{haqīqī}인 모호성일 수도 있고, 해당 하디스를 특정 사례에 적용하는 과정에서 생겨날 수 있는 상대적이고 은유적인 모호성일 수도 있다. 이러한 경우에는 새로운 해석과 이즈티하드의 여지가 존재하며, 이를 시도하여 공공의 이익 확보를 위한 노력이 필요하다. 예를 들어, 이슬람 도축 방식으로 도축된 육류와 썩은 육류가 혼합되어 함께 존재하는 경우, 금지가 우세하므로 혼합된 육류의 소비는 권장되지 않는다. 마찬가지로 이자 수익과 합법적 판매 수익이 혼재하는 경우에도 금지의 입장에 부합하게 주의를 기울여야 한다. 말과 노새의 교배와 같은 동물의 잡종 번식의 경우 비할랄로 간주된다. 그러나 대부분의 이슬람 법학자들은 이러한 교배종의 경우, 어미의 허용 가능성을 강한 판단 기준으로 삼는 경향을 띤다. 즉, 교배종의 어미가 할랄이라면 교배종도 할랄로 간주된다.

만약 할랄 식품과 하람 식품이 혼합되어 있는 경우에는 두 가지 상황을 가정할 수 있다. 포도주, 피, 소변이 물과 섞는 경우와 같이 혼합물을 분리할 수 없는 경우에는 하람이 할랄보다 우세하다. 곤충이나 깨끗하지 못한 물질이 고체 버터에 떨어지는 경우와 같이 혼합물을 분리할 수 있는 경우에는, 비할랄 부분을 제거하면 나머지 부분은 할랄이 될 수 있다. 다만 혼합물을 분리하기 어려운 극소량이며, 대형 호텔의 조리 도구에 묻어 있을 수 있는 알코올 성분과 같이 검출되지 않을 정도로 극소량이고 완전한 순도를 확보하기 매우 어렵다고 여겨지는 경우, 그 의심은 사라질 수 있지만 가능하면 피하는 것이 바람직하다.[78]

식품 첨가물 및 영양 강화제

일반적으로 육류와 음료 같은 식품 가공 원칙이 식품 원료, 영양 강화제, 식품 첨가물에도 동일하게 적용된다. 무슬림들은 비록 자신의 건강과 안녕에 도움이 되지 않더라도 식품, 첨가물, 화장품, 의약품의 섭취 및 사용에 있어 이슬람법의 판단을 따라야 할 의무가 있다. 그러나 특정 상황에서는 "필요는 금지된 것을 허용한다"는 이슬람법 법언이 적용될 수 있다. 앞서 설명한 바와 같이, 달리 판단된 것을 제외하고는 모든 것이 이슬람법적으로 허용 가능하다고 보아야 한다. 특정 성분 또는 첨가물에 대한 이슬람법적 판단을 확인하기 위해서는 이러한 물질의 원천을 면밀히 검토해야 한다.

할랄 원료로부터 파생된 모든 식품 성분 및 첨가물은 할랄로 간주된다. 의심의 여지 없는 식물과 화학 제품에서 유래한 성분과 첨가물, 할랄 합성 식품, 계란, 생선, 이슬람식으로 도축된 육류 파생물은 할랄로 간주해도 무방하다. 생선과 채소의 모든 파생물은 할랄이며 소, 양, 염소 등의 할랄 동물로부터 파생된 모든 것들 역시, 이슬람식 도축 과정을 거치지 않았거나 죽은 동물에서 얻었거나 하람이 첨가되거나 섞이지 않았다면, 할랄로 간주되어 이를 소비할 수 있다.

일부 원료와 첨가물은 음식의 부패를 방지하고 색, 풍미, 질감을 개선하고 신선도를 유지하기 위해 사용된다. 이러한 첨가물들 중 일부는 설탕, 소금, 꿀 등과 같은 자연 유래 제품인 반면, 다른 것들은 탄산수소나트륨, 질산나트륨 그리고 합성 비타민과 같은 인위적 제품들이다. 인간의 건강과 소비자의 삶을 보호하는 규정과 규제에 비추어 볼 때, 이들 중 상당수는 문제가 될 수 있다는 사례가 보고되고 있다. 식품 가공에 사용되는 화학 물질 중 일부는 건강에 해롭다는 것이 입증되어 그 사용이 의심스럽거나 부적절한 것으로 간주된다. 이러한 첨가물들은 암을 유발할 수 있고, 인간의 성적 행동과 건강에 악영향을 끼칠 수 있는 독성 물질을 포함한다.[79] 만약 이러한 성분과 첨가물이 신뢰할 수 있는 실험을 통해 인간에게 무해하고, 인간의 건강과 웰빙에 도움이 된다는 것이 입증되는 경우에 소비해도 좋다. 그러나 그것들이 건강에 해롭다면, 그것은 마크루흐 또는 마크루흐 타흐리미로 간주될 것이고, 건강에 해롭다는 것이 확정될 경우에는 하람으로 확정될 수 있다.

불확정적인 원료 및 첨가물

대부분의 식품 첨가물과 원료들은 할랄과 하람으로 명확하게 구분할 수 있지만, 일부는 명확하게 구분되지 않는 경우도 있다. 이런 종류의 물질들은 의심스럽고 모호한 범주에 속하기 때문에 힐릴, 하림, 마크루흐 범주로 분류하기 위해서는 추가적인 정보가 필요하다. 무슬림들은 참된 신앙의 실천을 위해 이와 같은 종류에 속하는 음식을 가급적 피하는 것이 바람직하다. 또한, 충분한 정보를 통해 이러한 종류의 물질들에 대한 범주 구분이 확정될 때까지, 의심스러운 물질을 마크루흐의 범주로 판단하는 것이 바람직하다고 생각한다. 여기에는 젤라틴, 유화제, 지방 및 기원이 의심스러운 효소와 같은 성분이 포함된다. 이 모든 것들은 의심스러운 것으로 간주된다. 다행히도, 이러한 종류에 속하는 것들 중 많은 것들이 할랄이나 채식용 제품으로 쉽게 대체될 수 있다.[80]

수입육 또한 의심스러운 품목에 포함될 수 있다. 수입 식품의 원산지나 의심스러운 조건에서 생산·가공된 식품에 관한 질문은 다음의 네 가지 기본 범주에서 논의할 수 있다.

1. 무슬림 법학자들은 유대인, 기독교인이 인구의 대부분을 차지하는 유럽, 미국과 같은 비이슬람 국가에서 수입된 육류와 식품들은 하람으로 간주된 원료나 동물에서 기인하지 않는 한, 합법적이라는 취지에 동의한다. 이러한 육류들이 이슬람식 도축 방식에 맞춰 도축되었는지 여부를 조사하는 일은 권장되지 않는다. 이는 꾸란 제5장 5절에 명확히 언급된 내용과 같이, 반대를 확증할 만한 증거가 없는 한, 성서의 백성들^{people of scripture}*의 식품과 그들이 행한 도축을 허용하는 것이 기본 원칙이기 때문이다. 그러나 무슬림들은 하나님 이외의 다른 신의 이름으로 도축된 육류의 섭취가 허용되지 않는다.[81] 그러므로 근거 없는 의심으로 금욕을 권고할 필요 없이 허용

---

* 성서의 백성들은 유대인과 기독교인을 중심으로, 하나님으로부터 성서를 부여받은 종교 공동체를 포괄적으로 지칭하는 이슬람법의 개념이다.

성을 우선한다. 만약, 동물 도축 시에 하나님의 이름이 의도적으로 언급하지 않았다는 것이 확인된다면, 해당 육류는 할랄로 간주될 수 없다는 것이 대다수 이슬람법학자들의 견해이다.[82]

2. 이슬람법학자들은 무슬림이 다신론자나 불신자라고 여기는 조로아스터교인이 도축한 육류 및 육류 가공품 그리고 종교적 도축 의식 개념을 믿지 잃는 조로아스터교가 우세한 시역에서 수입된 육류 및 육류 가공품의 섭취가 금지된다고 판단한다. 그러나 일부 학자들은 조로아스터교인도 성서의 백성들이므로 그들이 행한 도축 역시 허용된다고 보는 다른 견해도 있다. 이븐 하즘 알 자히리[Ibn Ḥazm al-Ẓāhirī] 는 조로아스터교인도 성서의 백성들로 여겨, 그들이 도축한 육류 및 육류 가공품도 할랄로 간주해야 한다고 주장한 바 있다.[83]

3. 의심스러운 종류의 육류 가공품이 실제로는 할랄이 아님에도 할랄로 잘못 표기된 경우가 있을 수 있다. 잘못된 라벨링이 의도적이건, 그렇지 않건 간에 차이가 없다. 또한 판매와 마케팅을 위해 이슬람법의 규범을 완전히 무시할 수도 있다. 할랄 인증 기관의 명시 없이 비할랄 육류 제품을 할랄로 표기하여 판매하는 제품의 경우, 해당 육류의 할랄 표기가 잘못되었을 가능성이 높으며 따라서 이러한 육류는 앞서 논의한 마슈부하트에 포함된다. 할랄 제품의 원료로 사용될 육류를 구매할 생산자는 단지 할랄로 표기된 육류를 진정한 의미의 할랄 육류로 추정하여 판단해서는 안 된다는 연구 결과도 있다. 확실한 할랄 육류 소비를 위해서는 모든 육류의 소비 시, 해당 육류에 대한 할랄 증명서를 확인해야 한다. 특히 육류는 매우 중

요한 식품 원료이므로 감독 기관은 공급자를 평가하거나 필요 시에는 다른 공급자를 추천해야 한다. 시장 조사 결과, 무슬림 소비자들은 할랄 인증이 없는 가게에서는 다진 고기를 사지 않는다는 결과가 확인되었다. 이는 크고 작은 몇몇 식품 체인점들이 돼지고기와 쇠고기를 섞어 팔 수 있다는 의심의 여지가 있기 때문이다. 심지어 말레이시아 쿠알라룸프르 체라스 지역에 소재한 할랄 인증을 받은 건두부 제조 업체가 돼지 농가 바로 옆에 위치하여 운영되고 있었다는 보도가 있었다. 이 업체는 할랄 인증을 받은 건두부를 생산하며, 돼지 농가와 얇은 벽 하나만으로 공간을 구분하고 있었으며, 의심할 만한 환경에서 제조된 것이 확인되었다. 또한 여러 마리의 유기견들이 건두부 업체 주변을 배회하고 있었고, 인근의 목재 가공 공장에서는 많은 양의 먼지가 발생되고 있었다. "이 회사가 제품 포장에 사용된 JAKIM^{이슬람개발부, Islamic Development Department Malaysia} 할랄 인증 로고는 가짜인 것으로 의심된다."[84] JAKIM이 실제로 이 회사에 대한 조치를 취하기까지는 시간이 좀 걸렸다. JAKIM 전 사무총장 오스만 무스타파^{Othman Mustapha}는 2013년 1월 1일부로 무슬림 소비자들에게 혼란을 줄 수 있는 할랄 로고, 심볼, '무슬림 음식'이나 '라마단 뷔페'와 같은 단어 사용을 금지하였다. 이를 어기는 조직에겐, 첫 위반 시 20만 링깃(약 6만 5,000달러)에 해당하는 벌금, 두 번째 위반부터는 50만 링깃에 해당하는 벌금이 부과된다. 또한 할랄로 신고되는 모든 수입 식품은 JAKIM이 인정하는 생산 국가 기관(상호인정조약기관)에서 발행한 할랄 로고와 인증서가 반드시 필요하다는 내

용을 추가로 발표했다.[85]

4. 할랄 확인 과정에 대한 일부 의구심은 비무슬림들이 매우 다양한 방식으로 할랄 산업을 지배하는 경향이 있다는 사실에서도 비롯된다. 할랄 규정에 따르면 무슬림이 행해야 하는 도축 행위를 제외하면, 산업 여타의 부문들이 비무슬림에게 개방되어 있다. 농업, 식품 제조, 상품 거래, 물류, 외식업, 호텔, 소매 체인과 같은 할랄 공급망supply chain은 비이슬람 국가와 기업들에 의해 지배되고 있다. 사실, 무슬림 국가나 기업들은 할랄 식품 가치 사슬halāl food value chain에서 극히 제한적인 역할만을 담당하고 있다.[86]

이슬람법이 금기하는 원료 및 첨가물

하람을 단지 다른 겉모습이나 이름만을 바꾸어 허용되는 것으로 바꾸려는 법적 책략은 금지된다. 돼지고기, 돼지고기 부산물, 그리고 종교 의식을 진행하지 않은 고기 등과 같은 하람에서 유래한 원료들이 이에 해당된다. 대다수 이슬람법학자들은 금지된 동물에서 추출된 물질 또는 돼지의 장기나 조직에서 추출하여 의약용 캡슐 제조에 사용되는 젤라틴 등은 화학적 변화를 거쳤다 하더라도 금지된 것으로 본다. 변성되지 않은 돼지 지방을 사용한 치즈, 식물성 기름, 버터, 크림, 비스킷, 초콜릿, 아이스크림 등의 식품 역시 금지된다. 이러한 제품들은, 필요성의 원칙에 따라 예외가 적용될 수 있는 필수불가결한 상황을 제외하고는 철저히 피해야 한다. 물론 필요성이 항상 예측 가능한 것은 아니다. 그러나 이러한 것들은 인간의 생명 유지에 직접적으로 연관되지 않으며, 이를 소비해야 할 공익적 필요나 필수불가결한 상황도 존재하지 않는다. 그리고 이를 기피한다고 해서 사회 질서가 혼란이나 파괴로 이어지지도 아니하므로, 이러한 것들의 소비를 금지하거나 회피해야 한다는 견해는 타당하고 정당하다고 판단된다. 또한, 이러한 것들을 피하는 것은 종교, 생명, 지식, 혈통, 재산의 보호에 어떠한 악영향을 끼치지 않으므로 이것들을 회피하는 것은 합당하다는 명백한 결론이 도출될 수 있다.

의약품의 원료 또는 첨가물로 사용되는 알코올은 일반적으로 중독성 때문에 금지되어 있다. 이 규칙의 예외는 무알코올 의약품이 없는 상황과 비진정제용 예방이나 처방의 목적으로 극소량의 알코올을 함유한 현재 생산 중인 의약품의 경우로, 그 대안적 방안이 마련될 때까지 한시적으로 허용될 수 있다. 모든 마약성 의약품과 환각 물질은 원칙적으로 금지되며, 의학적 지식을 지닌 의사의 판단에 따라 의학적 치료 목적인 경우에만 사용될 수 있다. 이와 관련된 이슬람법적 근거는 앞으로 이어질 하람에 대한 논의에서 상세히 언급하겠다.

초콜릿, 음료, 알코올이 함유된 음식 등 소량의 와인이라도 포함된 식품은 피해야 한다. 취하게 하는 요소의 함량이 많고 적음에 관계없이 취하게 하는 것은 이슬람법에서 일체 금지된다.[87] 이는 필수불가결한 상황이 발생하지 않는 영역이므로 예외적 허용 규칙은 이 영역에 적용되지 않는다.

필요성의 원칙과 관련된 많은 의학적 문제들이 있다. 예를 들어, 일부 의약품과 구강 청결제에는 알코올이 함유되어 있다. 그러므로 이러한 제품들을 대체할 수 있는 무알코올 제품을 사용하는 것이 더 바람직하다. 주목해야 할 점은 에틸알코올(알코올 음료에서 발견되는 알코올인 메틸화 알코올과 에탄올)과 같이 주류酒類 산업에서 유래한 알코올만이 취하게 하는 성질을 지니므로 하람에 해당한다는 사실을 유의해야 한다.[88] 향수 제조를 위해 향료나 방향성 물질의 제조 용매로 사용된 알코올이 사용된 제품, 알코올 성분이 함유된 바디 로션의 사용은 전혀 문제되지 않는다.

이와 대조적으로, 빵과 간장과 같은 할랄 식품에서도 소량의 알코올이 발견될 수 있다. 그것들은 제조 공정 중 특정 화학 물질 간 자연적 반응의 결과로 생산된 알코올로 음료, 음식에 의도적으로 첨가하는 알코올과는 다르기 때문에 이러한 제품들을 하람으로 분류할 수 없다.

유효한 도축의 요건

유효한 이슬람식 도축 절차와 그에 수반되는 청
결의 요건들은 이미 할랄 산업에 꽤 잘 알려져
있다. 여러 이슬람 국가에서 시행하고 있는 일반적 도축 관
행은 일부 세부적 측면에서는 차이가 있지만, 이슬람법 지침
을 준수하는 것으로 보인다. 유효한 이슬람식 도축의 특징과
도축 과정 중 발생할 수 있는 만둡 또는 마크루흐 항목에 대
한 사항은 앞서 다루었다. 이어지는 논의를 통해 유효한 이
슬람식 도축의 이슬람법적 요건을 좀 더 상세히 설명하고,

그와 관련된 논쟁의 쟁점들을 살펴보겠다.

1. 의도의 요소: 합법적인 도축은 정당하고 유효한 목적이 있는 경우에만 행해져야 하며, 단순히 동물을 죽이기 위해 행해지는 도축은 허락되지 않는다. 따라서 이러한 목적 없이 진행되는 도축은 할랄로 간주할 수 없다.

2. 도축 시, 하나님의 이름을 낭송하는 타스미야를 하는 것은 대부분의 이슬람법학파에서 의무로 여겨진다. 하지만, 샤피이법학파는 타스미야를 행하는 것을 만둡, 이를 의도적으로 행하지 않는 것을 마크루흐로 간주한다. 그러나 모든 이슬람법학파는 의도적으로 타스미야를 하지 않는 것이 아니라 망각에 의해 타스미야를 행하지 않은 경우에 이슬람법 가치 판단의 적용이 면제된다고 보았다. 주목할 점은 꾸란이 고대 신들의 이름을 암송하던 이슬람 이전 시대의 아라비아 관습과는 대조적으로, 도축을 위해 타스미야를 명시적으로 규정하고 있다는 점이다. 또한, 인간은 하나님의 허락을 구하지 않고는 동물의 생명을 앗아갈 권리가 없으며, 타스미야는 그것을 인정하고 확인하는 신앙적 선언이라는 점을 주목해야 한다. 리차드 폴츠[Richard Foltz]는 그의 주장들을 통해 다음과 같이 결론을 지었다. "첫째, 이슬람적 전통은 인간과 다른 동물 종 사이의 관계를 매우 진지하게 받아들인다. 둘째, 동물들은 그들 자신의 감정과 이익을 가진 것으로 간주된다. 그리고 셋째, 인간에게 부과된 우선적 윤리는 자비로운 배려이다."[89]

3. 이슬람식 도축은 무슬림뿐 아니라, 성서의 백성들로 불리는 유대교 인과 기독교인이 진행한 도축도 허용된다. 꾸란은 이에 대해 다음 과 같이 언급하고 있다.

"성서의 백성들(유대교인이나 기독교인)의 음식은 너희들에게 할랄이 며, 그 반대의 경우 또한 마찬가지이다."(꾸란 제5장 5절)[90]

성서의 백성들의 음식과 도축은 타스미야를 생략하거나, 예수 그 리스도나 모세의 이름을 언급해도 일반적으로 무슬림에게 할랄로 인정된다. 일부 이슬람법학자들은 이러한 입장에 대해 반대하고 있 지만, 해당 꾸란 구절이 명확한 제한 없이 계시되었으므로 무슬림 들은 성서의 백성들의 음식을 소비하고, 그들의 진행한 도축을 받 아들이는 것은 할랄로 인정될 수 있다.[91]

4. 주요 이슬람법학파의 일반적 합의에 따르면, 동물을 도축할 때에는 네 개의 중요한 기관인 기도, 식도, 경정맥(내/외 경정맥)을 절단해야 한다. 일부 학자들은 식도를 절단하지 않아도 이슬람식 도축이 이 뤄진다고 보았으나, 네 기관을 단번에 절단하는 것이 가장 바람직 한 도축 방법이다.

이슬람식 도축에 있어 만듭인 사항들은 아래와 같다.

- 타스미야와 함께 "알라후 아크바르*Allāhu Akbar, 하나님은 위대하시다*"라는 타크 비르*takbīr*도 함께 낭송한다.

- 도축의 절차적 오류를 방지하기 위해 낮 시간에 도축을 진행한다.

이슬람법이 규정한 할랄과 하람 그리고 할랄 산업

- 도축되는 동물의 머리를 메카 방향으로 향하게 둔다. 말리키학파는 이를 이슬람식 정당한 도축의 조건으로 간주하지 않는다.

- 낙타를 제외한 모든 동물을 도축하는 경우, 몸을 왼쪽 방향으로 뉘이고, 머리를 들어올린 상태에서 도축하는 것이 바람직하다. 낙타는 땅에 눕히지 않고, 서 있는 상태에서 왼쪽 다리를 묶은 후에 도축을 진행한다.

- 도축 과정에서 동물에게 불필요한 고통을 주지 않아야 하며, 동물을 부드럽고 인도적으로 다루어야 한다.[92]

이슬람식 도축에 있어 마크루흐인 사항들은 아래와 같다.

- 장애인이 진행하는 도축

- 타스미야를 진행하지 않은 채 진행하는 도축. 다만, 도축에서 타스미야를 의무로 간주하지 않는 샤피이학파나 일부 말리키학파의 경우에는 예외가 인정된다.

- 도축 동물의 머리를 메카 방향이 아닌 다른 방향으로 향하게 하여 진행되는 도축

- 일반적 도축 방법과는 반대로 소를 나흐르^{nahr} 방식으로, 낙타를 다비하^{dhabh} 방식으로 진행하는 도축

- 머리를 완전히 절단하거나 두개골을 부수거나, 동물을 질질 끌고 다니거나, 목 뒷방향에서 도축하는 행위 등과 같이 동물에게 고통

을 가하는 행위

- 날카롭지 않거나 부적합한 칼을 이용하여 진행하는 도축 행위[93]

마크루흐와 하람의 구분은 항상 명확하게 서술되어 있는 것은 아니다. 예를 들어, 일부 이슬람법학자들은 특정 행위에 대하여 실제로는 마크루흐에 속하지만 하람이라고 판단하는 오류를 범하기도 한다. 이러한 경향은 하람을 더 강조하기 위해 특정 행위를 너무 쉽게 하람으로 단정하는 일부 종교 지도자들에 의해 자주 발생하고 있다. 하지만 이는 꾸란의 다음 구절에 따라 엄격하게 피해야 하는 태도이다.

> 그리고 너희의 혀로 "이것은 할랄이고, 저것을 하람이다"라고 거짓되게 말하지 말라. 이는 곧 하나님에 대해 거짓이거늘 실로 하나님에 대하여 거짓하는 자는 번성하지 못하니라.(꾸란 제16장 116절)

알-까라다위[Al-Qaradawi]는 그의 저서 『이슬람에서의 할랄과 하람[Al-Ḥalāl wa al-Ḥarām fī al-Islam]』(p.27)에서 이슬람법학파의 주요 이맘들은 특정 사안에 대해 하람으로 판단하기를 극도로 꺼린다고 기술했다. 그는 주요 이맘들은 파트와[fatwa]*를 공표할 때, 무엇인가를 하람으로 판단하기보다는 마크루흐로 선언하는 것을 선호한다고 하였다. "이것이 문제가 아니라, 무엇

---

* 파트와는 자격을 갖춘 이슬람법학자(주로 무프티)가 제기된 문제에 대해 이슬람 법원(法源)에 근거하여 내리는 이슬람법적 견해를 의미한다.

인가를 하람으로 판단하는 것이 심각한 문제이다."

　일부 할랄 절차 지침서는 할랄 도축 절차를 거치지 않은 동물의 가죽에 대한 정화 방법에 대해 언급하고 있다. 이는 무슬림^{Muslim}(하디스 학자 이름)과 아부 다우드$^{Abū Dāwūd}$가 전승한 하디스 "어떤 가죽이라도 햇볕에 말리면, 그것은 깨끗한 상태가 된다"[94]가 요구한 것과는 상이한 부분이다. 이 하디스의 표현은 예외가 없는 일반 규정을 나타내고 있어, 하디스 해석을 통해 도출 가능한 법적 판단은 개와 돼지를 포함한 모든 동물의 가죽을 햇볕에 말리면 깨끗한 상태가 된다는 것이다. 이러한 해석은 자히리^{Zāhirī}학파가 주장한 것이며, 아부 하니파$^{Abū Hanīfah}$의 제자인 아부 유스프$^{Abū Yūsuf}$ 또한 같은 의견을 기록하였고, 알-샤우카니$^{Al-Shawkānī}$ 역시 이 해석을 지지하였다.[95] 게다가 이슬람법이 이슬람식 도축 방식을 거치지 않고 죽은 동물을 금지한 것은 해당 고기의 섭취에만 국한된 것이지 죽은 동물의 가죽, 뿔, 뼈, 털의 사용까지 금지한 것은 아니라는 점이 분명하다. 이러한 것들은 시장 가치를 지니고 있는 자산이고, 만약 이러한 것들이 유용한 용도로 사용될 수 있다면 낭비되어서는 안 된다.[96]

가치 범주 결정에서의
관습의 역할

일반적으로 관습 $^{\text{'urf, 'ādah}}$ 은 이슬람법의 법원이자 판단의 근거로 간주된다. 그것은 "건전한 이성을 지닌 사람들이 받아들일 수 있는 반복적 관행"으로 정의될 수 있다.[97] 관습이 올바른 판단 근거가 되기 위해서는 건전하고 합리적이어야 하며 꾸란, 하디스의 내용이나 이슬람법 일반 원칙에 위배되서는 안 된다. 여성의 상속권을 인정하지 않는 부족의 관습이나 뱀과 원숭이 고기를 섭취하는 지역 사회 관습 등은 꾸란과 하디스의 내용과 상충되기에 인정되지 않는다. 그러나 꾸란, 하디스의 내용과 관습이 부분적으로 충돌하는 경우, 관습은 이슬람법을 보완하거나 구체화할 수 있다. 관습에 따른 법 판단은 종종 일반 규칙 또는 유추를 통한 결정보다 우선 적용될 수 있다. 이는 관습이 사람들의 편의를 대변하는 것이므로 관습의 적용을 통해 이슬람법이 추구하는 목적 중 하나인 어려움을 해소할 수 있기 때문이다. 일반적으로 많은 이슬람법 규정과 이즈티하드를 통한 이슬람법 판단은 시대에 통용되던 관습을 바탕으로 형성되었다.

관습의 역할은 특정 식품과 관련된 만둡, 마크루흐로의 평가에서도 인정된다. 이는 건전한 이성을 지닌 사람들(관습의 백성들$^{ahl\ al-'rf}$라고 명하기도 함)에 의해 인정되거나 인정되지 않는 것과 밀접한 연관성을 지닌다. 이슬람법에 따라 할랄로 인정된 식품일지라도 사람들이 선호하지 않을 경우, 그 식품은 사실상의 마크루흐 범주로 간주될 수 있고, 이와는 반대로 사람들의 선호에 의해 만둡으로 격상될 수도 있다. 예를 들어, 해산물은 모두 깨끗하여 섭취할 수 있다는 내용을 담은 하디스에 따라 해산물인 새우와 상어도 인간이 섭취할 수 있다는 점에 어떠한 의심의 여지도 없다. 그러나, 예컨대 파

키스탄과 같이 하나피학파가 우세한 지역의 무슬림들은 새우를 먹지 않고, 대다수의 무슬림들은 상어를 먹지 않는다. 원칙적으로 이슬람법은 이러한 관습에 반대하지 않는다. 건전한 이성을 지닌 사람들은 피끄 법언 "관습은 판단의 근거이다$^{al-\ {}^{\prime}\bar{a}datu\ mu\d{h}akka\ matun}$"[98]에 따라 이러한 관습을 허용한다. 또한, 관습은 어떤 물품의 시장 가치 유무에 대한 답변을 제시할 수 있다. 예를 들어, 꿀벌과 누에는 한때 가치 있는 자산으로 여기지 않았지만, 사람들이 이러한 것들을 유용하고 가치 있는 자산으로 여김에 따라 결국 자산으로 인정되었고, 이와 관련된 파트와가 공표되었다. 그러나 관습은 과학 기술의 발달에 따라 변할 수 있다는 점을 유념해야 한다. 사람들에게 널리 인정받고 받아들여질 수 있는 새로운 관습은 언제든 출현할 수 있다. 음식에 대한 사람들의 기호도 미디어나 광고 등에 의해 영향을 받아 변화하며, 새로운 관습이 편리하다는 것이 증명되면 사람들은 새로운 관습을 인정하고 받아들이는데, 이것은 종종 그들의 생활 방식과 음식의 다양성에 반영된다. 이러한 것들은 이슬람법 일반 원칙에 위반되지 않을 경우에 이슬람법의 인정을 받을 가능성이 높다. 또한, 사람들의 찬성과 반대는 때때로 특정 사안이 필수불가결한 필요성으로 간주될 수 있는지를 판단하는 데 영향을 미친다.

육류, 해산물, 유제품

이슬람법의 다섯 가지 가치 범주와 그 적용에 대
해 앞서 논의하였다. 지금부터는 특정 동물에
관해 논의를 이어 가겠다. 일반석으로 염소, 소, 양, 도끼, 버
팔로, 사슴, 소, 낙타는 할랄 동물로 이슬람식 도축 과정을
거친다면 섭취가 가능하다. 닭, 가금류, 메추리, 칠면조, 닭,
거위, 오리도 할랄 동물이다.

돼지고기와 돼지의 부산물은 모두 하람이다. 돼지는 모

든 무슬림들에게 예외 없이 하람으로 간주된다. 또한 소비의 목적으로 돼지를 사육하거나 돼지 관련 제품이나 그 부산물을 운반하거나 거래하는 것 역시 하람으로 간주된다.

한편 할랄 범주에서 제외되는 동물에는 발톱과 송곳니를 가진 포식동물이 포함된다. 사자, 하이에나, 늑대, 개, 호랑이, 여우, 재칼과 같이 발톱과 송곳니를 지닌 동물과 집에서 사육되는 당나귀는 할랄 동물로 간주되지 않는다. 또한 할랄이 아닌 조류에는 죽은 사체를 먹는 독수리, 까마귀, 독수리, 매, 펠리컨, 기타 죽은 동물을 먹는 조류 등이다. 앞서 서술한 할랄 범주에서 제외된 동물의 우유와 조류의 알은 섭취가 금지된다. 사냥을 통해 얻은 동물을 제외하면, 이슬람식 도축을 거치지 않은 동물들 또한 할랄이 아니다. 여기에는 부적절한 방식으로 도축된 동물뿐 아니라 질병을 가진 동물, 다른 동물과의 싸움으로 죽은 동물, 인간의 잔인한 행동으로 인해 죽은 동물도 포함된다.

생선과 어패류를 포함한 해산물은 모두 할랄이다. 하지만, 죽어 가는 물고기가 고통받게 해서는 안 된다. 그러므로 살아 있는 물고기나 해양 생물을 때리거나 가혹하게 대하는 것은 하람이며, 물고기나 해양 생물이 살아 있을 때 배를 가르는 행위도 허용되지 않으며, 살아 있는 채로 삶는 것도 금지된다. 그것들이 스스로 죽을 때까지 가만히 두어야 한다.

우유, 치즈, 요구르트 등과 같은 유제품에는 할랄 기준에 부합하는 것으로 확인된 젤라틴이 아닌 다른 젤라틴이 함유되어서는 안 된다. 많은 치즈는 레넷과 동물로부터 유래된 다른 효소들을 포함하는데, 이러한 것들이 할랄 동물이나 미생물, 식물로부터 유래된 것인지에 대한 확인이 필요하다.

신선한 과일과 야채는 모두 할랄이다. 그러나 할랄이 아닌 오일, 지방, 방부제, 향료, 착색제 등을 사용하여 가공된 과일과 채소는 할랄이 아닐 가능성도 있다. 이러한 상황임에도 가공 과일, 채소 제조 시에 할랄 감독관에 의한 현장 점검이 진행되지 않는 경향이 있다. 따라서 제조업자는 이러한 제품들에 대한 할랄 인증 취득이 바람직하다.

베이커리 제품은 특히 할랄 관련하여 주의가 필요한 제품들이다. 베이커리 제품을 생산할 때는 제품에 대한 의구심을 유발할 수 있는 충전제, 알코올 또는 동물 기반 원료를 사용해서는 안 된다. 첨가물, 착색제 및 방부제가 할랄에서 유래한 것인지, 그리고 알코올 기반 성분을 사용하지 않고 승인된 절차에 따라 제품이 생산되었는지를 확인하는 일이 매우 중요하다.

말레이시아의 할랄 산업

말레이시아는 세계 할랄 시장에서 독보적 지위를 가진다. 샤피*Shafie*와 오스만*Othman*의 소비자 행동 조사 보고서에 따르면, 말레이시아 무슬림 소비자들에게 있어 할랄은 소비의 핵심 요건이다. 할랄 브랜드와 할랄 인증은 여러 지역에서 시작되었지만, 일부 현지 브랜드는 자체 시장 영역을 발굴한 것으로 보인다. 일반적으로 말레이시아 무슬림 소비자들은 총리실 산하 기관인 JAKIM의 할랄 인증을 신뢰하며, 제품에 대한 JAKIM 할랄 인증서를 확인하려고 한다. 2004년, 말레이시아 국제할랄박람회^{MIHAS,} Malaysia International Halal Showcase가 개최되었을 당시, 총리인 압둘라 아흐마드 바다위*Abdullah Ahmad Badawi*는 연설문을 통해 말레이시아를 글로벌 할랄 허브로 만드는 것이 정부의 주요 과제이며, MIHAS가 세계에서 가장 큰 규모로 진행되는 할랄 무역 박람회라고 선언했다. 말레이시아의 할랄 제품 및 서비스는 식음료에서 숙박, 의류, 보험, 금융 상품, 화장품, 개인 위생에 이르기까지 광범위한 분야를 포괄한다.[99]

말레이시아의 글로벌 할랄 허브 구상은 중소기업이 중동, OIC 국가 및 기타 지역의 할랄 시장 선점 기회 창출을 목표로 한다. 말레이시아 농업마케팅청^{FAMA, The Federal Agricultural Marketing Authority}은 2010년까지 냉동 식품 시장의 규모가 1,930억 MYR(말레이시아 링깃)에 다다를 것이라 추정했으나, 실제 성장세는 예측에 부합하지 못했다. 이는 제한된 범위의 할랄 제품이 시장의 수요를 충족시키지 못한 데 기인한다. 2011년 6월 기준으로 말레이시아의 할랄 산업 규모는 연간 560억 MYR로 추정되고, 세계 할랄 시장의 규모는 2조 5,000억 달러에서 2조 7,000억 달러 사이로 추산된다. 무크리즈 마하티르*Mukhriz Mahathir* 통상산업부 차관은 JAKIM이 식음료 산업에서 발행한 4,787개의 할랄 인증서 중 부미푸트라스^{Bumiputras}(말레이계 토착인/말레이계 토착인이 운영하는 기업)가 보유한 비율이 30%에 불과하고, 비부미푸트라^{non-Bumiputra} 기업들이 부미푸트라 기업보다 더 많은 할랄 인증을 신청하고 있다고 밝혔다. 그는 "할랄 인증 획득은 해외 시장에서 성장할 수 있는 기회가 될 수 있다. 특히 아세안, 중동, 중국에서 할랄 제품 시장의 잠재력은 매우 크다"며 "중국은 구매력이 높은 무슬림이 거주하는 네 개의 성이 있기 때문에 할랄 인증 제품 진출 전망이 밝다"고 덧붙였다.[100] 말레이시아 정부는 글로벌 할랄 허브 정책의 일환으로 제2차 산업 마스터플랜(1996~2005년)과 국가 농업 정책(1998~2010년)에서 할랄 산업 단지 조성 및 지원 계획을 수립했다. 그 결과 셀랑고르^{Selangor}, 케다^{Kedah}, 말라카^{Melaka}, 네게리 셈빌란^{Negeri Sembilan}, 페락^{Perak}, 그리고 파항^{Pahang} 주 정부에 각각의 할랄 산업 단지가 조성되었다.[101] 할랄 단지는 할랄 가치 사슬^{halal value chain}의 많은 부분을 지리적으로 집약시킬 수 있는 효과적인 수단이다. 할랄 단지는 클러스터의 이점(공급망 단축, 비용 절감, 혁신 등)뿐 아니라 할랄 식품에 대한 견고한 기반을 조성하고 공동 할랄 표준을 효율적으로 시행할 수 있도록 한다는 이점이 있다. 말레이시아는 또한 할랄 식품 인증 및 할랄 방부제 등록과 같은 국제적 이슈를 연구, 조사하기 위해 여러 아세안 국가와 협력하고 있다.

할랄 인증을 총괄하는 JAKIM은 제품의 생산과 관련된 취급, 포장 등을 관리, 감독한다. 말레이시아로 수입된 제품은 JAKIM이 허가한 기관 및 의심스러운 유해 식품의 검역과 통관을 담당하는 정부 당국(동물보호국, 보건부 식품안전품질부 등)에 의해 인증된다. 말레이시아의 할랄 허브 개념은 식품의 생산, 가공뿐 아니라 의약품, 화장품, 방부제 등에 대한 글로벌 할랄 표준 개발을 목표로 하고 있다.[102] 할랄 인증서가 발급되면 해당 기업들은 할랄 로고를 제품, 광고, 회사 사업장 및 아울렛에 인쇄하여 전시한다.

무슬림과 부미푸트라가 보유한 할랄 인증 비율이 낮은 이유는 비용 때문이라 판단된다. 제품당 2년 유효한 할랄 인증 비용은 최대 2,000 MYR이다. 할랄 인증은 매우 꼼꼼한 과정을 거친다. 원재료, 생산 공정 관리, 물류에 이르기까지 비즈니스 또는 제조 공정과 관련된 모든 것이 평가된다.[103] 그럼에도 할랄 인증 심사에 일부 미흡한 점이 있을 수 있다. 일부 하자들은 JAKIM 직원이 할랄 로고 사용에 대한 관리, 감독을 적절하게 하지 않아 할랄이라고 여겨지는 일부 제품 또는 서비스에서 할랄 진위 여부에 대한 의구심이 발생했다고 지적한다.[104]

말레이시아 표준에 따르면, 할랄 식품이란 다음의 조건

과 이슬람법의 기준을 충족하는 식품을 말한다.

a) 식품이나 식품 원료에 할랄이 아닌 동물, 동물 부속물 유래 성분이 포함되어서는 안 되며, 이슬람식 도축 공정을 진행하지 않은 동물 유래 성분도 포함되어서는 안 된다.

b) 식품에 이슬람법에서 나지스로 분류한 어떠한 것도 포함되어서는 안 된다.

c) 식품은 안전해야 하며, 인체에 해를 끼쳐서는 안 된다.

d) 식품 원료에 이슬람에서 허용되지 않은 동물이나 그 부속물이 들어가서는 안 된다.

e) 이슬람법 규정에 따라 나지스에 오염된 것으로 간주되는 기구나 장비를 사용하여 준비, 제조, 가공하면 안 된다.

f) a), b), c), d) 또는 e)에 명시된 요구 사항을 충족하지 못하는 식품이나, 이슬람법에 의해 나지스로 간주되는 모든 것과 처리, 포장, 저장 또는 운송에서 실질적으로 분리되어 있지 않으면 안 된다.

이러한 표준에 비추어 볼 때, 말레이시아의 할랄 식품 및 제품은 이슬람법이 하람 또는 나지스로 규정한 어떠한 것도 포함하지 않는다는 결론을 내릴 수 있다. 이러한 표준이 철저히 준수될 때, 공인 기관이 발행한 할랄 인증서는 해당 물질의 허용성과 할랄 상태를 담보하는 역할을 할 수 있다.

이러한 표준은 명시적으로 소비자와 대중의 생명과 웰빙의 보호 그리고 국내외 무역 촉진을 위해 마련된 것이다. 이는 또한 모든 이의 이익을 위해 식품 안전과 보건 분야에 대한 국제 협력을 촉진하고 공고히 하는 수단이기도 하다.

이슬람과 과학

이슬람과 과학의 상관관계는 과학이 할랄과 하람에 어떠한 영향을 미치는지 확인하는 짧은 문단으로 다루기에는 너무 광범위하고 중요한 주제이다. 그럼에도 첫 번째로 제기되는 질문은 그 개념의 기본 전제에 관한 것이다. 할랄과 하람은 인간의 이성이나 과학적 지식에만 기초하여 결정할 수 있는 사안이 아니라, 기본적으로 하나님의 계시^{wahy}와 인간의 이성이나 과학적 지식이 조합되어 결정된다. 신앙 규범은 일반적으로 과학적 지식과는 별개로 이슬람법에 의해 독립적으로 결정되며, 이는 또한 이슬람이 금지한 일부 음식에 대해서도 적용될 수 있다. 비록 이러한 제한들 중 일부는 과학적 지식으로 설명될 수 있지만, 본질적인 근거는 하나님의 계시에 기반하고 있다. 하지만 이슬람은 대체로 과학적 지식을 수용하는 경향이 있다. 이슬람에서 금기시하는 동물의 사체, 피, 술, 돼지 고기는, 전부는 아니더라도 과학적 지식이 이러한 금기에 합당한 이유를 제시할 수 있다. 과학적 합리성은 본질적으로 현실을 형이상학적 현실과 계시된 진리, 그리고 인간 존재의 (지능을 정신 및 행동 현상적 측면, 즉 물리적 과정으로만 이해하는 신경 화학 수준으로 감소시키는 것과 같은)비물리적 측면을 배제하는 감각 인식적 데이터로 국한시킨다.

이슬람법 사상은 현실 세계를 이슬람 기준 안에서 다루기 위해 여러 수준의 구분과 체계를 인정한다. 예를 들어, 이슬람이 출현한 1세기 동안 이슬람법과 피끄의 구분은 존재하지 않았고, 이슬람법을 신학, 윤리학, 피끄로 구분한 것은 이후에 진행되었다. 따라서 신학과 개인의 일상 생활, 행동에 대한 실질적 규칙 사이에는 일정 수준의 분리가 인정된다. 응용 과학과 그것이 인류에게 가져다줄 수 있는 이익과 관련하여 이슬람은 개방적인 입장을 유지한다. 그러므로 국민의 이익을 위해 과학적 지식을 사용하는 것은 허용될 뿐만 아니라 심지어 권장되는 공공의 이익^{maṣlaḥah} 추구로 구분될 수도 있다. 따라서 무슬림들은 자신들의 신앙이 과학적 지식을 추구하는 데 장애가 된다고 보지 않았다. 오히려 무슬림들은 과학의 발전에 중요한 공헌을 하였다. 선지자 무함마드는 인류의 필요에 부합하는 유익한 지식$^{al-\ ῾ilm\ al-nāfi῾}$의 습득을 강조하면서 신자들에게 지리적으로 거리가 먼 중국에 있는 지식일지라도 받아들여야 한다고 권고했다. 이슬람이 여러 출처로부터 유익한 과학적 지식을 수용했다는 사실을 확인하는 일은 어렵지 않다. 당시 중국은 이슬람을 비롯한 종교적 지식으로 유명한 곳은 아니었지만, 그 당시 중국의 문화적 성취, 과학적 지식, 지혜는 높게 평가받고 있었다.

꾸란에 기술된 지식$^{῾ilm}$ 추구의 중요성, 감각적 인식과 관찰을 통해 얻은 지식의 개방적 수용, 그리고 우리가 살고 있는 세계에 대한 탐구와 조사의 장려는 모두 이슬람과 과학이 근본적으로 동일한 방향성과 공통된 관심사를 지니고 있음을 보여 준다. 과학은 주로 원인을 연구하지만 이슬람 철학은 목적을 연구하고, 사물이나 사건을 하나님의 존재에 대한 징표^{āyāt}로 바라본다. 무슬림들은 신앙이 과학을 제한하지 않으며, 오히려 그것의 풍요와 완벽을 위한 전망을 제시할 수 있다고 이해한다. 그러므로 지식을 추구하는 무슬림들은 믿음과 이성, 지식과 과학의 공생 관계를 인정하고 이슬람, 이를 통해 다른 문명의 목표를 이해하기 위해 노력해야 한다.

예를 들어, 도축을 진행할 때 사용되는 스터닝stunning(도살 전 기절시키기)과 흉부 절단법thoracic sticking이 이슬람법의 관점에서 허용 가능한지 여부가 문제될 수 있다. 산업석 편의나 동물 복지 또는 이 두 가지 모두를 고려한 이유 때문인지는 모르겠지만, 스터닝과 흉부 절단 관행이 애초에 어떻게 도입되었는지에 대한 의문이 제기될 수 있다. 이슬람법은 합법적인 거래가 원활하게 이루어지는 시장 질서를 장려하며, 때로는 다른 요소와 일정한 타협이 이루어지는 것도 허용하지만, 이슬람법이 추구하는 높은 가치를 위협할 만한 조치에는 선뜻 동의하지 않는다. 이슬람법 전문가가 관련 과학 지식 없이, 스터닝과 흉부 절단법 문제에 대해 내리는 판단은 불충분한 가정과 외형적 요인에 근거할 수밖에 없으며, 이는 해당 사안이 민감성과 광범위한 적용성을 고려할 때 적절하지 않다. 이것이 이슬람법과 과학적 지식 사이의 공생 관계가 이루어져야 함을 보여 주는 예이다. 스터닝과 흉부 절단 관행은 도축되는 동물의 고통을 비교적 줄이게 해 준다는 이해에 따라 받아들여진 것으로 보이고, 이것은 이슬람법의 원칙과 일치한다. 말레이시아 종교 당국은 도축 동물의 의식이 완전히 사라지지 않을 제한된 전압 범위 내에서의 스터닝을 받아들였다. 소와 양과 같이 큰 동물들에 가하는 전기 스터닝 방법은 많은 이슬람 국가들에서 산업적 도축 관행으로 받아들여졌다. 하지만, 일부 사람들은 닭과 같이 작은 동물은 스터닝의 충격으로 죽을 수 있다는 우려의 시각을 가진다. 그러나 튀르키예와 국제이슬람피크아카데미^{IIFA, International Islamic Fiqh Academy}에서 실시한 조사는 닭에 행해지는 스터닝이 허용 가능하다고 판단하였다. 튀르키예 닭 가공 공장 네 곳을 방문한 IIFA 학자들은 방문한 모든 공장에서 닭이 도축되기 전 최대 2초 동안 전류가 흐르는 물을 지나는 것을 확인했고, 이때 40암페어의 전류가 닭을 기절시키는 것을 확인했다. IIFA 학자들은 기절한 닭들 중 일부가 3분만에 완전히 의식을 회복했다고 보고했는데, 이것은 노출된 전류로 닭이 죽지 않는다는 증거이다.[105]

이슬람과 과학이 달리 보는 한 가지 영역은 형이상학적 현실과 계시된 진리의 권위를 어떻게 이해하느냐에 있다. 과학은 보이지 않는 영역을 수용하지 않으나 이슬람은 신앙의 근본 교리로서 반드시 받아들여야 한다고 본다. 요약하자면, 이슬람은 과학이 인류에게 제공할 수 있는 이익 측면에서 과학과 충분히 양립할 수 있지만, 이슬람은 현실과 존재에 대해 배타적인 물질주의적 관점으로 이해하려는 과학의 세계관materialistic vision을 그대로 받아들이는 것은 아니다.

결론과 시사점

세계 이슬람 공동체, 움마^{ummah}는 무슬림들의 신앙 공동체이므로 다양한 구성원은 상호 배움에 개방되어 있어야 하고, 이슬람 문명의 통일성 안에서 각자의 관습과 문화적 다양성을 인정할 수 있어야 한다. 이슬람이 통일성 속의 다양성, 타우히드^{tawhīd*}의 범위 안에서의 건전한 이크틸라프$^{ikhtilāf, 다름 또는 차이}$를 허용하는 종교로 특징지어질 수 있는 것은 꾸란의 통합적 영향력, 선지자 무함마드의 모범적

* 타우히드는 이슬람 신앙의 가장 기초적이고 핵심적인 원리로, 하나님의 절대적 유일성을 믿고 인정하는 개념이다.

가르침, 그리고 기본 가치에 대한 합의 덕분이다. 움마는 또한 할랄과 하람이라는 이중 개념에 바탕을 둔 영적·법적 차원의 도덕적 규범을 지지한다. 할랄 식품과 할랄 무역 그리고 할랄 금융은 움마에 독특한 특징을 부여하는 공유 가치의 실체적 예시들 중 하나이다. 이크틸라프와 비교했을 때, 타우히드는 이슬람의 훨씬 더 두드러진 특징이다. 통일성과 표준화는 타우히드와 더 큰 관련성을 가지고 있으므로, 할랄 산업에서의 표준화 추진은 바람직한 일이고, 그 실현 가능성이 매우 높다고 생각한다. 전 세계 무슬림 국가 및 공동체 간에 할랄 식품 및 금융뿐 아니라 무역 관행의 통일성에 호소할 수 있는 가치, 문화 및 관습을 공통 분모로 한다면 표준화의 목적은 자연스럽게 더 잘 이루어질 수 있다. 할랄 산업의 물질적 측면에서의 표준화 노력은 자연스럽게 이슬람 세계 전체의 통일성과 조화를 지향하는 근본적 근거인 꾸란과 하디스에서 출발해야 한다.

이슬림법 해석 담론은 할랄과 하람 관련 꾸란, 하디스의 지침을 정교하게 구체화, 체계화한다. 이러한 꾸란, 하디스의 지침은 또한 공통의 합리성을 뛰어넘는 종교적$^{ta'abbudī}$ 특징도 가진다. 할랄 표준에서의 통일성 촉진을 위해 다음 사항들을 제안한다.

- 할랄과 무바흐 그리고 마크루흐와 만둡 범주 관련하여, 할랄 산업의 더 높은 통일성과 표준화는 타카유르*takhayyur*, 선택의 원칙에 기초하여 이슬람법학파의 다양한 법적 견해 중 목적에 가장 부합할 만한 법적 견해를 선택하는 시도를 할 수 있다. 이슬람법학에서 공인된 방법론으로 인정되는 타카유르는 주요 이슬람법학파가 타 이슬람법학파의 이슬람법 해석을 타당한 해석으로 받아들 수 있다는 인식을 전제하므로, 이러한 접근은 이슬람법학파 간 조화와 통합의 가능성을 제공할 수 있다.

- 제안하는 또 다른 방법은 다른 이슬람법학파나 법학자의 법적 견해 중 특정 부분만을 차용하고 병합하여 하나의 법적 견해로 통합하는 탈피끄*talfiq*의 방법론을 시도하는 것이다. 탈피끄는 타카유르와는 서로 다른 개념으로, 타카유르가 본인 또는 본인이 따르고 있는 이슬람법학파와 다른 이슬람법학파의 이슬람법 해석을 선택하여 그것을 그대로 인정하고 따른다는 의미인 반면, 탈피끄는 다른 이슬람법학파의 이슬람법 해석 중 일부 또는 특정 부분을 차용하여 본인이 따르는 이슬람법학파의 이슬람법 해석에 병합하는 과정을 거쳐 하나의 이슬람법 해석을 도출하기 위한 시도이다.[106]

- 모든 국가와 관할 구역에 서로 다른 분야에서 활동하고 있는 학식 있는 인사들로 구성된 권위 있는 이슬람법 자문위원회를 설립해야 한다. 위원회의 구성은 충분히 다양성을 갖추어 위원회의 심의와 자문, 그리고 파트와가 전 세계 움마의 다양한 이슬람법학파, 지역, 문화권의 학문적 전통과 사상을 반영할 수 있어야 한다. 이슬람법

자문위원회는 또한 뛰어난 산업 전문가와 시장 분석가들뿐만 아니라 서구의 무슬림 소수 공동체 대표도 구성원에 포함해야 한다.

- 위원회의 의사 결정 또는 파트와 공표를 규율하기 위해 일련의 절차 지침을 수립해야 한다. 또한 위원회의 결정 내용이 어떻게 미디어와 시장에 전달할 수 있을지에 대한 방안도 수립해야 한다.

- 정부와 산업 관계자는 거시적·미시적 관점에서 할랄 실천 표준화 추진을 위해 사전적 조치를 취해야 한다. 이와 관련된 이슬람의 가르침은 권한 있는 관련 당국의 결정을 따라야 한다는 것이고, 이를 위해 권한 있는 관련 당국은 이슬람 공동체의 명백한 이익 증진을 위해 만둡 범주에 속하는 것을 의무적 범주로 격상시킬 수 있고, 마크루흐 범주에 속하는 것을 금지의 범주로 변환할 수 있으며, 무바흐 범주에 속하는 것 중 일부를 규제하고 의심스러운 사안에 대해 이슬람법적 판단을 확립할 수 있다. 권위 있는 관련 당국은 시대와 상황의 변화에 따라 국민의 이익 증진을 보장하는 법률을 도입하고 정책을 수립할 수 있다. 선출된 입법부나 그 감독하에 있는 전문가 집단이 이러한 역할을 수행할 수 있다.

- 또한 시장 특수성, 그리고 나양한 국가 및 지역의 관습과 문화에 대한 연구를 수행할 수 있는 이슬람법학자, 식품과학자, 시장전문가, 사회과학자들을 모아 말레이시아, OIC 본부와 다른 이슬람 국가들에 연구 기관 설립을 제안한다. 이 연구소는 이슬람법 자문위원회의 연구 기관으로서 할랄 산업의 지속적인 발전과 할랄 절차의 표준화에 대한 권고를 의회에 제안하는 역할을 할 수 있다.

- 할랄 산업의 표준화는 이슬람 공동체의 풍속과 사회적 관습에 바탕을 두고 이루어져야 한다. 식품에 대한 기호와 소비 습관, 유통 및 마케팅 방식에 대한 사람들의 기호는 기후, 토양의 특성, 심지어 다른 문화와의 지리적 근접성을 포함한 다양한 요인에 의해 영향을 받으므로, 할랄 산업의 표준화를 촉진하고자 할 때는 이러한 모든 것을 고려해야 한다. 이러한 다양성과 가변성은 항상 명확하게 드러나는 것은 아니기 때문에 연구를 통해 검증하고, 각 사례가 이슬람법을 준수하는지에 대한 면밀한 검토가 필요하다. 따라서 우리는 국가 및 지역의 관습과 관행에 대한 연구를 진행해야 할 뿐 아니라 이슬람법, 과학 및 사회학적 연구에서 도출된 결과를 의사 결정에 반영할 수 있는 협의적 의사 결정 체계를 확립할 필요가 있다.

- 시장 연구자들은 할랄 로고, 할랄 인증 기관의 할랄 인증서 발행과 식별에 모호성과 과실이 있을 수 있다는 점을 일관되게 지적해 왔다. 이러한 일들은 비무슬림 국가에서는 주로 발생할 수 있는 일이지만, 문제는 이슬람 국가에서도 이와 같은 일들이 발생한다는 데 있다. 두 경우 모두 불명확하고 오해를 불러일으킬 수 있는 단어, 문구, 부호의 사용이 문제가 된다. 앞서 언급한 바와 같이, 말레이시아 당국은 2013년 1월부터 해당 위반 사례에 대해 강력한 벌금을 부과하는 조치를 취하고 있고, 위반이 반복될 경우 벌금이 점차 증가하도록 규정하였다. 이는 바람직한 접근이지만, 처벌 위주의 방식만으로는 충분하지 않을 수 있다. 할랄 제품 및 서비스의 관리, 감독 기관은 물론 개인, 생산자 및 공급업체가 성과를 이루었을 때,

이 성과가 인정받을 수 있는 교육적 노력과 함께 인센티브가 보완
되어야 한다.

주석

HALAL ou
HARAM

1. 이슬람법학자들이 서로 다른 용어를 사용하는 이유는, 아마도 할랄과 하람의 판단이 꾸란에 따라 이루어진다는 민감성 탓일 것이다. 이 내용은 자세히 설명하겠지만, 사실 이것은 가장 지고하신 하나님께만 속하는 특권이기 때문이다. 이러한 다양한 용어들의 의미에는 미묘한 차이가 있다. 무바흐와 자이즈는 이슬람법이 완전히 중립적이라고 판단하는 것을 가리키는 반면, 할랄은, 특히 식료품의 맥락에서 청결함의 의미를 가지고 있어 완전히 중립적이지 않은 것 즉, 선호의 의미를 포함하고 있다고 할 수 있다.

2. 무바흐를 표현하는 아랍어 표현들: 죄가 없다(*la ithma*), 잘못이 아니다(*la junaha*), 괜찮다(*la basa*), 하나님께서는 너희를 꾸짖지 않으신다(*la yuakhidhukum Allah*) 등

3. 아랍어 원문: *al-aslu fi al-ashbah hatta yadullu al-dalil ala al-tahrim*(사물의 본성은 원래 허용됨에 있으며, 금지를 입증하는 근거가 있을 시에만 금지된다). Jalal al-Din al-Suyuti, *al-Ashbah wa al-Nazair*, Beirut: Dar al-kutub al-Ilmiyyah 1983/1403 AH, 60쪽 참조. 일반적으로 법언은 꾸란과 하디스에서 이용 가능한 증거들을 종합적으로 검토하고, 그 내용을 추상적이고 보편적인 진술로 구성한 피끄의 명제를 뜻한다. 설명을 덧붙이자면, 알 수유티(al-Suyuti)는 기린을 식용으로 섭취 가능한지에 대한 질문을 제기한다. 그는 이슬람법학자들이 기린의 식용에 대해 명확한 입장을 취하지 않았으므로 앞서 언급한 법언에 비추어 볼 때, 그리고 기린이 육식동물이 아니라는 점을 고려하여 기린의 식용 섭취는 할랄이

이슬람법이 규정한 할랄과 하람 그리고 할랄 산업

라 간주하였다.

4. Yusuf al-Qaradawi, *Al-Halal wa al-Haram fi al-Islam*, Beirut: al-Maktab al-Islami 1994/1415 AH, 제15판. 13쪽 참조. 건전한 하디스는 약한 하디스와는 반대의 개념이며, 선지자 무함마드 또는 선지자와 동시대에 살았던 교우들까지 이스나드(*isnad*, 전승의 연결고리)가 끊기지 않고, 정직하고 기억력이 확실한 전승자들을 통해 전승된 하디스이며, 전승 내용이 신뢰할 만한 다수 전승자들의 전승 내용과 상충되는 않으며(*shadh*), 명백하거나 미묘한 결함(*'ilal*)이 없는 하디스를 말한다. Mohammad Hashim Kamali, *A Textbook of Hadith Studies*, Leicester: The Islamic Foundation, 2005, 139쪽 참조.

5. Wahbah al-Zuḥaylī, *Al-Fiqh al-Islāmī wa Adillatuh*, Damascus: Dār al-Fikr, 1989/1409 AH, 제3판, 3권 510쪽 이하 참조.

6. Mohammad Hashim Kamali, *Principles of Islamic Jurisprudence*, Cambridge: Islamic Texts Society, 2003, 429쪽 참조.

7. 앞의 책, 429쪽 참조.

8. Abu Isḥaq Ibrahim al-Shatibi, *Al-Muwafaqat fi Usul al-Ahkam*, ed. Muhammad Ḥasanayn Makhluf, Cairo: al-Maṭbaah al-Salafiyyah, 1920/1341 AH, 1권 140쪽 이하, Wahbah al-Zuhayli, *Usul al-Fiqh al-Islami*, Damascus: Dar al-Fikr, 1986/1406 AH, 86쪽 참조.

9. Yusuf al-Qaradawi, *Al-Halal wa al-Haram,* 31쪽.

10. Yusuf al-Qaradawi, *Al-Halal wa al-Haram,* 56쪽.

11. 일부 따이바트(*tayyibat*)는 유대인들에게 꾸짖음과 형벌의 의미로 금지되었다(꾸란 제6장 146절, 제4장 160절 참조).

12. 예를 들어 술의 경우, 꾸란은 금주 이유를 다음과 같이 설명한다. "(하지만 어떤 것은)사람들에게 (얼마간의) 효용[유용함]이 있느니라. 하지

만 그것들의 죄가 그것들의 효용[유용함]보다 더 크니라"(꾸란 제2장 219절). 또한, Yusuf al-Qaradawi, *Al-Halal wa al-Haram*, 31쪽 참조.

13. 아랍어 원문은 "*idha ijtama' al-halal wa al-haram, ghuliba al-haram*"(할랄과 하람이 혼합되어 있을 경우, 하람이 우선시된다)이다. Jalal al-Din al-Suyuti, *Al-Ashibah wa al-Nadair*, Beirut: Dar al-kutub al-Ilmiyya, 1994, 151쪽, Shabir, *Al-Quwaid*, 325쪽. 흥미로운 점은 유스프 알-까라다위(Yusuf al-Qaradawi)는 "불확정적인 것은 피하라(*ittiqa al-shubuhat*)"에 대한 논의에서 이 법언을 언급하지 않았다는 점이다. 아마 그는 이 법언의 근거가 약하다고 생각했거나 또는 편의와 관용을 강조하는 이슬람법적 근거들이 존재하기에 보다 쉬운 길을 선택한 듯하다. 이러한 이유로 알-까라다위는 이 문제를 '악으로 진행될 수 있는 행위를 막는 것(*sadd al-dharai*)'으로 다루었을 가능성이 있다.

14. 자세한 내용은 *Securities Commission, Resolutions of the Securities, Commission Shariah Advisory Council*, 제2판. 쿠알라룸푸르, 2007, 158쪽 참조.

15. 아랍어 법언은 "피해를 예방하는 것이 이익의 실현보다 우선한다(*Dar al-mafasid awla min jalb al-manafi*)."

16. Shabir, *Al-Qawa'id*, 326–328 참조

17. Wizārat al-Awqāf wa al-Shu'ūn al-Islāmiyyah, *Al-Mawsū'ah al-Fiqhiyyah*, Kuwait: Wizārat al-Awqāf wa al-Shu'ūn al-Islāmiyyah, 1421 AH / 2001), 40:75 참조.

18. 앞의 책.

19. 앞의 책, 40:79와 85.

20. 열 가지 항목은 돼지고기, 피, 죽은 사체, 목 졸려 죽은 동물, 구타당해 죽은 동물, 떨어져 죽은 동물, 뿔에 받혀 죽은 동물, 포식자에게 일부가 먹힌 동물, 하나님 외의 신의 이름으로 도축된 동물, 돌 제단 위에서 제

물로 바치는 동물이다.

21. Umar Sulayman al-Ashqar, Muhammad Uthman Shabir et al., *Dirasat Fiqhiyyah fi Qadaya Tibbiyah al-Muasirah*, Amman: Dar al-Nafa'is 1421 AH/2001, 317쪽 참조.

22. (일부 의견 차이가 존재했었지만)이슬람법학자들은 인간의 배설물과 육식동물의 배설물이 청결하지 못하다는 점에 대해 만장일치로 합의하였다. 반면, 도살이 가능한 동물, 비육식성 동물, 그리고 조류의 배설물에 대한 이슬람법학적 의견은 다양하다.

23. Ahmad al-Hajji al-Kurdi, *Buhuth wa Fatwa Fiqhiyya Muasirah*, Beirut: dar al-Basha'ira al-Islamiyyah, 1427 AH/2007, 29-31쪽 참조.

24. 앞의 책, 313쪽

25. Wizārat al-Awqāf wa al-Shu'ūn al-Islāmiyyah, *Al-Mawsū'ah*, 40:74, 77 또는 40:101-103 참조.

26. Al-Ashqar 외, *Dirasat*, 318쪽

27. 앞의 책, 314쪽

28. 앞의 책, 317쪽

29. Yusuf al-Qaradawi, *Al-Halal wa al-Haram*, 15쪽. Muhammad Uthman Shabir, *Al-Qawa'id al-Kulliyyah wa al-Dawabit al-Fiqhiyyah fi al-Shari'ah al Islamiyyah*, Amman: Dar al-Nafais, 2006/1426 AH, 324쪽. Kamali, *Principles*, 421쪽.

30. 돼지고기에 대한 금지는 유대 전통의 지속을 상징한다. 마찬가지로 개에 대한 이슬람 전통에 대한 부정적 시각은 개들이 자주 광견병 보균자로 보여지고 안전한 거리에 가장 잘 보관되어 있다는 사실에서 기인한다.

31. Ibn Majah al-Qazwini, ed. Muammad Fuad Abd al-Baqi, *Sunan Ibn*

Majah, Beirut: Dar al-Kutub al-Ilmiyyah, 1987/1407 AH, Hadith no. 3,367. al-Qaradawi, *Al-Halal wa al-Haram*, 23쪽.

32. 자세한 내용은 siyasah shariyyah, Mohammad Hashim Kamali, *Shariah Law: An Introduction*, Oxford: Oneworld Publications, 2008, 225-245쪽 참조.

33. Yusuf al-Qaradawi, *Al-Halal wa al-Haram*, 31쪽. Shabir, *Al-Qawa'id*, 324쪽 참조.

34. Yusuf al-Qaradawi, *Al-Halal wa al-Haram*, 37-38쪽. 예를 들어, 무슬림이 비무슬림과 관련하여 실천할 수 있는 리바의 경우는 여기에 사소한 예외가 존재한다. 그러나 이 역시 논쟁의 여지가 있는 의견이고 일부 법학자들은 이를 무효라고 보는 반면, 다른 사람들은 비무슬림인이 적대국가의 거주자인 경우에만 무효라고 말한다.

35. 앞의 책, 34쪽. 알까라다위(Al-Qaradawi)는 이를 다음과 같이 설명한다. 예컨대, 카지노의 춤을 예술의 한 형태라고 부르거나, 리바(*riba*, 이자)를 이윤(profit)이라고 부르는 것과 마찬가지이다.

36. *Wizarat al-Awqaf wa al-Shu'un al-Islamiyyah, al-Mawsu'ah al-Fiqhiyyah*, Kuwait, 1993/1414 AH, 4판, 5:125 참조.

37. 앞의 책.

38. Muslim, Mukhtasar Sahih Muslim, ed. *Muhammad Nasir al-Din al-Albani*, Beirut: Dar al-Maktab al-Islami, 1987, 342쪽, 하디스 1,262번 참조.

39. *Ala' al-Din al-Kasani, Bada'I al-Sana'I fi tartib al-shara'i*, Beirut: Dar al-Kutub al-Ilmiyyah, 198/1406 AH, 2판, 5:114. al-Zuhayli, *Al-FIqh al-Islami*, 3:5 참조.

40. 이것은 "무슬림의 재산을 그의 동의 없이 가져가는 것은 금지되어 있

다"는 하디스로 전달된다. Abu Bakr Abd al-Rahman ibn al-Husayn al-Bayhaqi, *Al-Sunan al-Kubra*, ed. M. Abd al-Qadir Ata, Mecca: Maktabah D alr al-B 1987z, 1987/1407 AH, 6:100과 하디스 11,325 참조.

41. Muhammad Uthman Shabir, *Al-Qawaid al-Kulliyyah wa al-Dawabit al-Fiqhiyyah*, Amman: Dar al-Nafa'is, 1426 AH/2006, 213쪽 참조.

42. Wahbah al-Zuhaili, *Al-Fiqh al-Islami*, vol. 6, 161쪽 이하 참조.

43. Ala' al-Din al-Kasani, *Bada'I al-Sana'I fi tartib al-shara'i*, Beirut: Dar al-Kutub al-Ilmiyyah, 198/1406 AH, 5:113 참조. 소량의 술이라도 금하는 것에 대해 결정적인 합의(*ijma'*)를 주장한다. *sadd al-dhara'i*, Kamali, *Jurisprudence*, 16장, 397–410 참조.

44. Wahbbah al-Zuhayli, *Al-Fiqh al-Islami*, vol. 6, 166쪽 참조.

45. Abdul Rahman Awang, "Istihalah and the Sunnah of the Prophet," in Halal Development Corporation, *The Essence of Halal*, 58쪽 참조.

46. 앞의 책. 그리고 *istihalah*, Ahmad al-Hajji al-Kurdi, *Buhuth wa Fatawa Fiqhiyyah Muasirah*, Beirut: dar al-Basha'ira al-Islamiyyah, 1427 AH/2007, 29쪽 참조.

47. http:www.islamset.org/bioethics/9thfiqh.html#1(검색일: 2012. 01. 10.).

48. 피끄아카데미 결정은 2004년 7월 9일 *al-Sharq al-Awsat*, London, no. 9173, 14쪽에서 온라인 제공. http://www.asharqalawsat.com/print. asp?=211692(검색일: 2012. 1. 10.)

49. http://www.islamset.org/bioethics/8thfiq.html(검색일: 2012. 1. 10.)

50. Nazih Hammad, "Dieting the Islamic Way."

http:// www. themodernreligion.com/health/diet.html(검색일: 2012. 1. 10.) 또한 Abdul Rahman Awang, *Istihalah*, 60쪽에서 인용.

51. http://www.islamset.org/bioethics/8fiqh.html(검색일: 2012. 1. 10.)

52. 자세한 내용은 Muhammad Abu Zahrah, *Usul al-Fiqh*, Cairo: Dar al-Fikr al-Arabi, 1958/1366 AH, 34쪽 참조. Kamali, *Principles*, 424쪽 참조.

53. Kamali, *Principles*, 426쪽 참조.

54. 그래서 한 사람은 "선지자가 잘랄라 낙타 고기를 먹는 것을 금지하였다" 하고, 또 다른 사람은 "선지자가 잘랄라 동물의 우유 마시는 것을 금지했다"고 하였다. 두 하디스 모두 *Sunan Daraqutni and Sunan Abu Dawud*와 Wizarat al-Awqaf wa al-Shu'un al-Islamiyyah, *al-Mawsu'ah al-Fiqhiyyah*, 5:149에서 각각 인용.

55. Al-Kasani, *Badai*, 5:39-40. Muhammad Amin ibn Abidin, *Hashiyah Radd al-Mukhtar 'ala Durr al-Mukhtar*, Cairo: Dar al-Fikr,1979/1300 AH, 5:194 참조.

56. Abu Hafs Umar ibn Badr al-Mawsilli, *Al-Jamu Bayn al-Sahihayn*, Beirut: al-Maktab al-Islami, 1995, vol.2, 38쪽 참조.

57. Al-Shatibi, *Al-Muwafaqat*, 152쪽 참조.

58. Al-Zuhayli, *Al-Fiqh al-Islami*, 3:667 참조.

59. Wizarat al-Awqaf wa al-Shu'un al-Islamiyyah, *al-Mawsu'ah al-Fiqhiyyah*, 5:152 참조.

60. 앞의 책, 5:153.

61. 앞의 책, 5:155.

62. Ibn Russhd, *Bidayat al-Mujtahid*, Beirut: Dar al-Qalam, 1988, 1:329. al-Zuhayli, Al-Fiqh al-Islam, 3:663-4 참조.

63. Susan Douglas, "The Fabric of Muslim Daily Life," in ed. Vincent

Cornell, *Voices of Islam*, Praeger: Connecticut, 2007, vol. 3, 17쪽 참조.

64. 자세한 내용은 Kamali, *Principles*, 331쪽 참조.

65. Muhammad A. al-Bayanuni, *Al-Hukm al-Taklifii fi al-Shariah al-Islamiyyah*, Damascus: Dar al-Qalam, 1988, 224-225쪽 참조.

66. 앞의 책, 225쪽 참조.

67. 자세한 내용은 Kamali, *Principles*, 419쪽 참조.

68. 하디스 보고서에는 또한 *ajwah*로 알려진 특별한 대추야자들이 다양하게 언급되어 있는데, 이는 선지자가 가장 좋아한 것으로 그 영양 가치를 잘 말해 주었다. Abdul Rahman Awang "*Istihalah* and the Sunnah of the Prophet", in Halal Industry Development Corporation, *The Essence of Halal*, Kuala Lumpur: HDC Publication, 2011, 72-73쪽, 그리고 www.mdcpublishers.com 참조.

69. Abu Umaymah의 권한에 대해 Al-Bukhari가 언급한 하디스는 앞의 책 70쪽에서 인용.

70. 자세한 내용은 앞의 책 70-71쪽 참조.

71. Muslim, *Mukhtasar Sahih Muslim*, 253쪽, hadith no. 956.

72. Al-Qaradawi, *Al-Halal wa al-Haram*, 37쪽.

73. Al-Tabrizi, *Mishkat*, 2:845, hadith no. 4,046.

74. BSE는 광우병을 의미한다. 자세한 내용은 Richard C Foltz, *Animals in Islamic Tradition and Muslim Countries*, Oxford: Oneworld Publications, 2006, 118쪽 참조. 폴츠(Foltz)는 같은 페이지에 "중동 국가들은 현재 육류의 상당 부분을 뉴질랜드와 같은 곳에서 수입하고 있으며, 공장 농업은 육류가 할랄인지 여부를 확인하는 데 상당한 어려움을 주고 있다"고 알려 준다.

75. 아랍어 원문은 "*idha ijtama' al-halal wa al-haram, ghuliba al-haram*"(할랄과 하람이 혼합되어 있을 경우, 하람이 우선시된다)이다. Jalal al-Din al-Suyuti, *Al-Ashibah wa al-Nadair*, Beirut: Dar al-kutub al-Ilmiyya, 1994, 151쪽, Shabir, *Al-Quwaid*, 325쪽. 흥미로운 점은 유스프 알-까라다위(Yusuf al-Qaradawi)는 "불확정적인 것은 피하라(*ittiqa al-shubuhat*)"에 대한 논의에서 이 법언을 언급하지 않았다는 점이다. 아마 그는 이 법언의 근거가 약하다고 생각했거나 또는 편의와 관용을 강조하는 이슬람법적 근거들이 존재하기에 보다 쉬운 길을 선택한 듯하다. 이러한 이유로 알-까라다위는 이 문제를 '악으로 진행될 수 있는 행위를 막는 것(sadd al-dharai)'으로 다루었을 가능성이 있다.

76. 이에 대한 논의는 Securities Commission, *Resolutions of the Securities Commission Shariah Advisory Council*, 2차 개정판, 쿠알라룸푸르, 2007, 158쪽 참조.

77. 아랍어로 된 법적 격언은 "*Dar'al-mafasid awla min jalb al-manafi*"라고 쓰여 있다.

78. Shabir, *Al-Qawaid*, 326–328쪽 참조.

79. Mohammad Hashim Kamali, "The Principles of Halal and Haram in Islam," in ed. Halal Development Corporation, *The Modern Compendium of Halal*, vol. 1과 *The Essence of Halal*, 쿠알라룸푸르, 2011, 24쪽 이하 참조.

80. Kamali, "Principles of Halal and Haram," in ed. Halal Development Corporation, *The Essence of Halal*, 38쪽 이하 참조.

81. Qur'an, *Al-Nahl*, 16:115. 그리고 Susan L. Douglas, "The Fabric of Muslim Daily Life," in ed. Vincent Cornell, *Voices of Islam*, Westport, Connecticut, vol. 3, 16-17쪽 참조.

82. Kamali, "Principles of Halal and Haram," in ed. Halal Development

Corporation, *The Essence of Halal*, 42쪽 이하 참조.

83. Al-Qaradawi, *Al-Halal wa al-Haram*, 63쪽 참조.

84. Nurbaiti Hamdan & A Raman, *The Star*, 11 September 2008, p. N43 보고서 참조.

85. 2012년 12월 29일, New Straits Times of Kuala Lumpur 보고서 10쪽.

86. Marco Tieman, "Control of Halal Food Chains," *Islam and Civilisational Renewal*, Kuala Lumpur, 3.3, 2011, 538–542쪽 참조.

87. Al-Qaradawi, *Al-Halal wa al-Haram*, 72쪽.

88. Al-Qaradawi, *Al-Halal wa al-Haram*, 53쪽, Abdul Halim Uwais, *Mawsuah al-Fiqh al-Islami*, Egypt: Dar al-Wafa', vol.1, 174쪽 참조.

89. Foltz, *Animals*, 27쪽.

90. 더 자세한 내용은 *Al-Qaradawi, Al-Halal wa al-Haram*, 61쪽, Al-Zuhayli, *Al-Fiqh al-Islami*, 3:659쪽 참조.

91. Al-Qaradawi, *Al-Halal wa al-Haram*, 61-62쪽.

92. Ibn Rushd, *Bidayat al-Mujtahid*, 1:325쪽 이하, *al-Zuhayli, Al-Fiqh al-Islami*, 3:661–663쪽 참조.

93. Ibn Rushd, *Bidayat al-Mujtahid*, 1:327–328쪽, al-Zuhayli, *Al-Fiqh al-Islami*, 3:663 664쪽, al-Qaradawi, *Al-Halal wa al-Haram*, 55쪽 이하 참조.

94. Abu Dawud, *Sunan Abu Dawud*, Engl. tr. Ahmad Hassan, Lahore: Sh. Ashraf, 1984, 2:1149쪽, hadith no. 411. 그리고 Kamali, *Principles*, 153쪽의 논의 참조.

95. Al-Qaradawi, *Al-Halal wa al-Haram*, 51-52쪽.

96. 앞의 책, 51쪽.

97. Kamali, *Principles*, 369쪽, shabir, *Al-Qawaid*, 244쪽 이하 참조.

98. *Majallah al-Aḥkām al-ʿAdliyyah and A Complete Code of Islamic Civil Law*의 영역본 『메젤레(*The Mejelle*)』(C. R. Tyser 외 역, 쿠알라룸푸르: The Other Press, 2003, 재판본) 제36조 참조. 『메젤레』는 관습에 관한 여러 법언을 수록하고 있다. 그중 하나는 "사람들의 관행은 행위의 근거로 삼아야 할 증거이다"(37조). 자세한 내용은 Kamali, *Principles*, 371쪽 참조.

99. Shahidan Shafie와 Mohd Nor Othman, "할랄 인증: 국제 마케팅 이슈 및 과제," 쿠알라룸푸르, 말라야대학 경영 및 회계학과 교수, 미발표 컨퍼런스 보고서, 2쪽 참조.

100. Roziana Hamsawi, "Bumis only Hold 30pc of Halal Certs," *New Straits Times*, Kuala Lumpur, 29 June 2011, 5쪽 참조.

101. 앞의 책.

102. 자세한 내용은 Sabariyah Din, *Trading Halal Commodities: Opportunities and Challenges for the Muslim World*, Kuala Lumpur: Penerbit Universiti Tekno-logi Malaysia, 2006, 20-21쪽 참조.

103. Roziana Hamsawi, "Bumis."

104. Shahidan Shafie and Mohd Nor Othman, "Halal Certification," 5쪽.

105. http://www.upc-online.org/slaughter/report/html.

106. 자세한 내용은 *takhayyur and talfiq*, Mohammad Hashim Kamali, "Shariah and Civil Law: Toward a Methodology of Harmonisation," *Islamic Law and Society* 14, 2007, 406–411쪽 참조.